小さな個を包み込む全体、oneness、
あの無意識界の母の
あの柔らかさにつながること、
それが君にねばり強さをくれるんだ。
この微妙柔軟な光を感受して
自分の内側を照らせばいい。
君はいつもあの
大きな命《いのち》に安らぐことになるのさ。

加島祥造『タオ――老子』（筑摩書房）より

扉が開く

新しい私の誕生

道・宇宙的表現

響きあう生命《いのち》

いきる根拠地を求めて

鈴鹿照子

新曜社

まえがき

いま多くの人が、「空しさ」の感覚や、「居場所がない」感じや、「わたしというものの輪郭がぼんやりとしていて、とらえどころがない」不安な気持などを抱いています。そうしたなか、私たちは切実な思いを込めて問うています。

わたしはなぜ生きるのか？

わたしはいったい　どのように生きてゆけばよいのか？

現代人はこの問いを前にして、迷い、苦しんでいます。答えはどこかにあるのでしょうか？　もしあるのなら、どこを探せばよいのでしょう？

魚は水のなかを泳ぎまわり、鳥は空を飛び交い、兎や鹿や馬は山野を駆けめぐります。そしてやがて死が訪れ、一生を終えます。ところが、かれらのように「生きること」にまつわる根源的な問いに苛まれず自然に随って生きてゆくことが難しいのが、どうやら人間の生のようです。

人間は太古から、みずからの生きる根拠を、さまざまなところに求めてきました。いまもそれは変わりません。

みずからの自由を求めることが、他者の抑圧につながってしまうこともあります。「わたしは正しい」と主張することが、「あなたは間違っている」という主張になってしまうときもあるでしょう。そしてやがて、争いの世界に通じていってしまいます。かといって他者にばかり答えを求めていると、その存在のなかに自分を失ってしまいかねません。

では、どうすればよいのでしょう？

ひょっとすると私たちの多くは、生きる根拠を探す〈場〉を見つけられていないのかもしれません。いえ、見つけられていないというより、むしろ「そのような〈場〉がある」ということを知らされていない、といったほうが近いかもしれません。いつの時代も人は、とりわけ現代に生きる私たちは、その〈場〉を、一人ひとりの人間や社会の、内部の深いところに閉じこめようとします。

おそらく答えは「日常的な現実世界」（たとえば日本社会ではそれは「世間」という衣をまとっています）だけを探しても、見つからないでしょう。しかし、だからといって「脱-世間」を試み、はるか彼方へ探しに行ったとしても、道に迷ってしまうだけかもしれません。

どうやら探すべき〈場〉は、そのどちらかということではないようです。私たちは、みずからが閉じこめられている日常に居ながら、その足もと、つまり《深い内部》へと分け入らなければならないのではないでしょうか。そうすればきっと、幽閉された〝ほんとうのわたし〟はこう語ることでしょう――「答えはわたしのなかにある。わたしのありようそのものが答えなのだ」と。

私たちの内部の深いところから、私たちとのつながりを求めてささやきかけている〝ほんとうのわたし〟の声を、ほんのかすかにでも聞くことができたとき、私たちは、あたかもその智恵に導かれるようにして《内なる旅》の一歩を踏み出すことになるでしょう。そして、生きていくうえで〝ほんとうに大切なもの〟と出会うのです。

なんだか空しい……
どこにも居場所がない感じ……
わたしの輪郭がぼんやりしていて とらえどころがない……

こうして苦しむなか、〝わたしのリアル〟〝あなたとのリアル〟そして〝世界というリアル〟を求めて彷徨いはじめるとき、そのとき私たちはすでに、この《内なる旅》のとば口に立っています。

＊＊＊　　　　＊＊＊

本書は、そのような《リアルを求めた内なる旅》を実際に経験した三人の記録が核になっています。かれらは旅のなかで、どのような〝わたし〟と出会うのでしょうか？　わたしと〝あなた〟は、どのようにつながってゆくのでしょうか？　そして、わたしにとって〝世界〟は、いったいどんなふうに体験されるのでしょうか？

この三人はそれぞれ、水先案内人としての《内的な知恵（ほんとうのわたし）》が内部の深いところから送ってきたメッセージを、ある者は絵画イメージをとおして、ある者は夢をとおして、またある者は表層の言葉を超えた詩的言語をとおして、受けとってゆきます。それぞれに固有の旅ではありますが、三者三様に、人類の（とりわけ東洋の）叡知が古《いにしえ》の時代からさまざまに伝えようとしてきた、自由で叡智に満ちた世界の流れに随ってゆくのです。

ただし、最初に一言だけ強調しておきたいのですが、ここに登場する三人は誰も、この旅をいざ始めるまでは、「内的な知恵の世界」などというものがあろうことを、ほとんど（ことばのうえですら）知りませんでした。〝ほんとうのわたし〟を見つけようとして旅に出たというよりは、いまの生きかたのつらさをひしと感じた時点で旅が始まっていて、内奥のメッセージに随ってゆくうちに、気がつくとそこが〝リアル〟だったのです。

そのような世界は、私のなかにも、また、これから本書を読み進めてくださる方々のなかにも、そして、すべての人のこころの奥深いところにも、あるのではないでしょうか。日常の足許でしっかりと根を張っており、この困難な冬の時代に、芽吹きの時を待ちつづけているのではないでしょうか。

＊＊＊　　＊＊＊

これからの旅の記録では、私はときに旅する当人であったり、ときに同行者であったりすることでしょう。そして最終章では、すこし一般的な観点から「現代とはどのような時代なのか」「そのなかで、なぜ、かくも多くの若者たちが苦しまざるを得ないのか」を考えてみようと思います。

響きあう生命

目次

装画　中島由理
装丁　上野かおる

響きあう生命《いのち》

――いきる根拠地を求めて

少年が見たふたつの世界
――真魚の詩と遊び

真魚《まお》と私が始めて出会ったのは、彼が中学一年生の秋のこと。

『ぼく　アホやろ』

彼が私と向き合ってまず発したのは、この言葉だった。

『アホやない』と、私。

暗い顔をして私の顔をじっと見つめながら、しばらくしてまた、

『ぼく　アホやろ』と真魚が問う。

『アホやない』と、私は何度も繰り返した。――「薄っぺらなレッテルを貼ってあなたを見たりはしないからね。あなたはあなた。……そのあなたと、いま出会いたいと思っているの」という思いを込めて。

真剣勝負のやりとりは一時間半ほど続いただろうか。いつ果てるともしれない（その場ではそのように思われた）この繰り返しのなかで、私には、この問いが彼にとってどれほど切実なものであるかがしみじみと伝わってきた。

張りつめた空気がふっとゆるんだように感じられたとき、私は彼に問うた。

『いちばん好きなこと　なに？』

『病気になるまえ　詩　書くの好きやった』と、真魚は応える。

『じゃあ　ふたりで詩　書こうか』ということになった。

魚

どうして　ぼくに　何もいわない
おまえが　生きていた時
人に　釣られそうになった
今は　深い眠りに入って
世界中の人たちと　楽しそうに遊んでいる

真魚は小学校三年生のとき、風邪のあと四〇度以上の高熱が続き、一般的には「知的能力」と呼ばれる側面にダメージを受け、教育・学校関係者からは、中学一年生の時点で「七、八歳程度の知能」という判定を受けていた。

この詩を読んではじめて私は、真魚が『ぼく アホやろ』と問うたことの深い意味に気がついた。彼はおそらく、YES／NOで答えられるような反応を望んだのではない。その背後にある私の姿勢、つまり「ぼくとどんなふうに向き合おうとしているのか」と問いかけたのだ。

あなたもまた、魚としてのぼくを釣ろうとする「人」の仲間なのか？ 水がなければ生きられないぼくを、陸に釣り上げようとする「人」の仲間なのか？

もしそうなら、ぼくはあなたに、魚が見た世界の真実を話さないでおこう。魚がいま、どこでどのように生きているのか、あなたにはなにも話さないでおこう。

きっとこのような思いを込めて、真魚は私に問うたにちがいない。

詩のなかで〝ぼく〟に「おまえ」と呼びかけられている魚とは、いったい、真魚にとっての何なのだろう。――彼は自分自身のもっとも深いところにあるこころを、魚に託して表現したのではないだろうか。

ぼくは、なにも言わないおまえの真実を、おまえに代わって伝えることにしよう。伝わる希望はほんのわずかでも、希望があるとするなら話そう。

〝どうして ぼくに 何もいわない〟という冒頭の句は、ひょっとすると、ぼくからおまえへの、「言ってもいいんだよ」という呼びかけなのかもしれない。

そして真魚は〝おまえが 生きていた時 人に 釣られそうになった〟と、みずから体験した苦悩を語った。みずからの実存的状況を、過去形で語ったのである。「人は、病気をしてからのぼくに〈アホ〉というレッテルを貼り付け、そのレッテルをとおしてのみぼくを見ようとした。自分たちの仲間から排除しようとした。」――〝人〟によって為されたことをこのようなかたちで表現せざるを得なかった。

〝人〟は日常的な現実世界に、そこだけが自分たちの居場所であるかのように棲んでいる。世間といってもよいだろう。その価値観に安住しようとする人々は少なくない。その世間では

〈アホ〉や〈カシコイ〉という差別的序列づけが幅を利かせ、人間が人間をランクづけようとしている。どこを見わたしても、比較と、競争と、対立が蔓延している。

けれど、おまえ〔＝魚＝自分自身〕の最も深いところにあるこころが人に釣られてしまうことはなかった。かれらの価値観への同化を強いられながらも、同時に排除されるなかでも、ぼくがすっかり諦めさせられてしまうということはなかった。

もちろん真魚は、これまでと同じようには生きられない。しかしこの突然訪れた、みずからの人生の根底を揺るがすような深い苦悩をとおしてこそ、これまで生きてきた日常的な現実世界の実像を、彼は曇りなく見ることができたのではなかろうか。そして同時に、その背後にある《見えざる真実》の世界まで垣間みることができたのだろう。

〝今は 深い眠りに入って 世界中の人たちと 楽しそうに遊んでいる〟――日常的な現実世界を〝生きていた〟と過去形で表現せざるをえないほど生きにくいものとして体験していた彼は、この《見えざる真実》を、はるか遠く離れた深い世界として表現している。

水のなかの深い眠りの世界、つまり表層の〈意識〉世界から遥か隔たった、遠く深い〈無意識〉の世界が、真魚の苦悩をとおして開かれた。人間にとって原初の経験の世界である。そこには、意識的人間が〈言葉〉によって恣意的に引いた境界線や区別は存在していない。だから、あらゆる存在が自由に出会える。人と人も、人と魚も、魚と魚も、生きとし生けるものが、何の妨げもなく自由に遊ぶ。

その出会いはけっして限定されることはなく〝世界中の人たち〟に開かれている。この表現からは、深い海の《根源的自由》が伝わってきはしまいか。

ひとたび釣り上げられてしまえば、どこを見わたしても〈自己中心〉的なる〝人〟ばかり。「社会にとってどれだけ有用か」という尺度から評価が下されている。人々はおのおのばらばらの存在。それぞれがひとつの価値観によってランクづけられている。そうして、人と人とのあいだでは争いが絶えない。比較・競争のなかから生まれる嫉妬の感情に苦しめられている人も少なくない。——いま日常的な現実世界は、そのように動いている。

それが人間というものだろうか?

人間はそのような存在としてしかありえないのか?

真魚はみずからの苦悩をとおして、このような根源的な問いに出会った。そして、「多くの人はなかなか気づかないけれど、ほんとうは、人と人とが恣意的な区別の線引によってばらばらにされてしまうことなく、自由に出会い、遊べる場があるのだ」ということを、彼は知った。このような《見えざる真実》が詩に託された。

＊＊＊　　＊＊＊

この詩がつくられたのは、かれこれ十数年前のこと。彼の家庭教師のような存在として、私は真魚に出会った。もちろん、当初から詩のメッセージをその深みで受けとれたわけではない。ただ、人に釣られそうになった魚の、実存的状況を過去形で表さざるをえないほどの絶望と深い悲しみは、ひしひしと伝わってきた。また、その奥にあるものも、はなはだおぼろげではあるが感じとることができた。そして「少なくとも私は、そのようなところで彼と出会いたい」と願った。

けれどもそのころは〝今は　深い眠りに入って　世界中の人たちと　楽しそうに遊んでいる〟という表現を、私は「現実の世界では充たされない切実な願望をこのようなかたちで表現したのだろう」というふうに受けとっていた。つまり、それが真魚のこころの奥底から産み出された、苦しむ人びとに向けての、世界に向けての、とても深いメッセージでもあるということには気づかずにいた（そうしたメッセージを受けとることができたのは、私自身の長い道行きを経た後であった）。

いま想う。——現実の世界の堅く冷たい壁、その壁にほんのすこし風穴があいて、そこから微かな光が射したとき、真魚は詩を書いたのだろう。「ぼくが自由 - 自在でいられる水のなかの深い眠りの世界と、この世は、完全に引き裂かれ断絶しているとはかぎらない。わずかながらでも、つながるかもしれない」と思えたとき、彼は詩を書いたのだろう。——《ふたつの世界の重なり》を垣間みることができたとき、真魚のこころが詩になったのかもしれない。

つぎの作品も、そのような背景をもって生まれた。

雪

雪　雪　おまえの降る日は
スキー　スケート　雪合戦などができる

雪よ　だから　おまえは外で遊んでいる時
遊んでいる人の　心に入って
その人の母になっている

当時、真魚は、地域の中学校で三年生になっており、義務教育を了えたあとの道が自分にとってどのようにありうるのか、ということが大きなテーマになっていた。たとえ「これが君の進む道だ」と示されたとしても、これまでの経験からして、それが自分のありのままを生かすものであるようにはとうてい思えない。なぜならこの世は、自分にレッテルを貼り、分類し、隔離しようとする意図に満ちあふれているから。

そのような根源的不安をかかえて次第に暗く沈んでゆく真魚と、彼のお母さん、そして私の三人で、卒業後の道を探すためいくつかのところを見てまわった。三年生の秋から冬にかけてのことだった。

ある養護学校を見学にいったとき、生徒たちが暖かく迎えてくれ、真魚もまた先生にいくつかの質問をしたりした。校内の各所をまわりながら階段を二段とばしに昇っていく彼の足どりは軽かった。――「こころがすこし動きはじめているかもしれない」と感じられた。

帰り道で彼は言った、『ぼく また詩 書けそう』。

それからしばらくして生まれたのが、この《雪》という作品である。

不思議な詩だ。たんに楽しい雪遊びをうたったのではないし、真魚の内的世界について語っているだけでもない。外の世界での雪遊びの楽しさと、「こころのなかで雪が母になる」という内的体験とが、〃だから〃という接続詞で順接的につながっている。

真魚の描き出した世界の豊かさと根源性を見ようとするときすぐに思い浮かぶのが、道元と良寛という、自由なこころをもって生きたふたりである。

〔……〕最後にゆきつくところは、頭をどう保持するか、眼を雪原のどのあたりにつけるかということになる。眼のなかに、瞬間的に、どういう自然が去来するか、その自然像と自分とが調和する、一体化することである。〔……〕スキー術の行き着くところは、自分と自然との一体化ということになってしまう。自分という身体性の枠を超えるのである。〔岩田慶治『道元との対話』〕

真魚の詩はさらに奥深い。

〔自他をへだてる中間の夾雑物がなくなると〕突如として、桃の花と眼玉が衝突し、耳と竹の音がつきあたることになる。そして、その衝撃のさなかに、桃の花と眼玉、竹の音と耳、わたしとあなた、自然と自分が同時に成立することになる。尽十方世界、山河大地、草木自他が、相互のあいだの境界をこえてキラッと輝きあうことになる。それぞれの本質がひびきあうことになるのである。

〔……〕道元のきらびやかな文章とそのリズムに魅惑された方がよいのかもしれない。そうすれば、ほんとうのアニミズム空間、宇宙の、そして地表の万物が、あたかも自分の分身であるかのように、心の空間もまた、多彩な形と色で自分を飾りながら、一瞬一瞬にきらめくのである。〔……〕そして私はいつも、実相と、あるいは仏陀と二人連れなのである。その実相の所在、それを広大無辺なこころとよんでもよい。

〔……〕外部にある真実は、内部にもさぐり求められるものである。自己は自分であるが、この自分は自分という形にとらわれない。宇宙に一真実の世界にひろがっていく自分なのである。〔……〕外なる自然を内なる自分が映す、内なる自分を外なる自然のなかに読みとる。ほんとうの自分は内部外部を在るがままに映す明鏡なのである。〔……〕鏡、その知の場所に、世界の実相が映るということである。知を光といいかえてもよい。〔……〕光にキラリと照らされると、あなたは私、私はあなたになる。その光のなかで〔……〕、万物が共存していることがわかる。〔同書〕

ここには、外なる自然の世界と内なるこころの世界が相即相入するさまが、多彩な表現で描かれている。

わたしとあなた、自然と自分が、同時に成立することになる。
外部にある真実は、内部にもさぐり求められるものである。
外なる自然を内なる自分が映す。内なる自分を外なる自然のなかに読みとる。

そのような世界こそが、真魚の《雪》に描かれた世界なのではないだろうか。
そして「私はいつも、実相とあるいは仏陀と二人連れなのである。その実相の所在、それを広大無辺なこころとよんでもよい」「ほんとうの自分は内部外部を在るがままに映す明鏡なのである」といわれるところのものを、真魚は〝母〟と表現した。それは、理性ではなく知恵と慈悲。それは、ありのままの姿をありのままの姿でそのままに受けとる。受け容れる。――このような世界では、万物が争いあうことなく共存できるから、真魚は〝世界中の人たちと楽しそうに遊〟べるのだ。

《魚》と《雪》、このふたつの詩は、「この世（日常的現実世界）の価値観からの離脱を余儀なくされる」という苦悩をとおして真魚が出会うことのできた、表層の世界の背後にある《ほんとうの世界》について語っている（だから、眼前の世界のみが唯一みずからの世界であるようにとらえている人にとっては、不思議な作品に思われるかもしれない）。いまは引き裂かれているが、ふたつの世界がつながりをもつことができたとき、自分と、すべての人は、この世でも「現在形」で生きることができる。

真魚が私たちに伝えてくれているのはそういうことだろう――ほんとうの言葉で伝えられた、ほんとうの世界。

それでは《ほんとうの世界》はどのようにすれば開かれてくるのだろうか？　どんな体験のなかで、引き裂かれた世界はつながるのだろうか？　――道元なら、ただ坐れというだろう。坐禅しつづけよ（「只管打坐」）と。――良寛さんなら「遊ぼう」というかもしれない。

道元に深く惹かれた良寛は、曹洞宗門下で二十年に及ぶ参禅修行を積んだが、祖師の精神から遠く離れ、退廃の度を深めてゆく宗門の現状に納得できず、やがて宗門を離れることを決断する（「前半生の修行をすべて棒にふってしまうこの決断を下すまでには、男泣きに泣いて眠らなかった夜が続いたことは繰返し詩に詠んでいる。詠まずにはおれなかった」〔北川省一『良寛優游』〕という)。そして彼は故郷に帰り、空庵を転々とし、托鉢に歩いた(初めから子どもたちの人気者だったわけではないようだ。「到る所 意にかなわず 帰り去る 窮巷の辺《ほとり》」と、帰郷直後の絶望的な心境を詠んでいる)。いつしか良寛と子どもたちは、手まりをついたり、おハジキをしたり、かくれんぼしたりして遊ぶようになった。彼が歩いていると、女の子たちが取り囲むようにしてついてくる。

この里の宮の木下のこどもらと
　あそぶ春日は暮れずともよし

霞立つ長き春日を子供らと
　手まりつきつつ今日もくらしつ

子どもたちと夢中になって遊ぶ良寛を見て、ほかの大人は「なぜ」と問う。子どもが遊ぶのはわかるけれど、大のおとなのあなたがなぜ子どもたちに交じってそんなに楽しそうにあそんでいるのか？　と。

青陽　二月の初、
物色　ようやく新鮮なり。
このとき鉢盂を持し、
得々として市鄽に遊ぶ。
児童たちまちわれを見、
欣然として相将いて来る。
われを寺門の前に要ち、
われを携えて歩むこと遅々たり。
盂を白石の上に放ち、
嚢を緑樹の枝に掛く。
ここに百草を闘わせ、
ここに毬児を打つ。
われ打てば　かれ　しばらく歌い、

われ歌えば　かれこれを打つ。
打ち去り　また打ち来たり、
時節の移るを知らず。
行人　我れを顧みて笑う。
何によってそれかくのごときと。
低頭してかれに応えず、
道い得るともまたいかんせん。
箇中の意を知らんと要せば
元来ただこれこれ。

前半には、托鉢の道すがら子どもたちと出会い、時が経つのも忘れて草相撲をしたり、手まり歌をうたいながら毬つきをしたり、などの楽しい情景が描かれているが、後半の六行で良寛は、自分にとって遊びがどのようなものであったかを語っている、「道行く人があきれてわたしを笑い、どうしてそんなことをするのだと問うけれど、おじぎをするだけで答えない。いや、たとえ答えられたとしても、それが何になろう。もしここの心を知りたいとなら、もともとそれは、ただこれだけのことだもの」〔秋月龍珉『禅門の異流』〕。

良寛が子供達と手まりをついて夢中になっているのを、通りがかりの村人が見て、あきれて、どうしたことかと問うた。問われても答えようのない良寛は『祇這是《ただこれこれ》』と答えた。祇は只である。只管である。道元では「只管打坐」となるところが良寛では只管手毬となっていることになる。〔唐木順三『良寛』〕

坐ることも遊ぶことも、生命あるものとしてのありのままが顕現されてくる体験様式である。それは、「なにかの目的のためになにかを為す」ことに意味をみいだす世界ではない。ましてや、そのことが評価されるという世界でもない。ほかになにか目的があるのならば、「なぜ?」の問いにも答えやすいが、坐るのはただ坐るため、遊ぶのはただ遊ぶためである。

良寛はこころの趣くままに興じ、無心になって遊びに没入した。鬼ごっこをしていて、夕方になって子どもたちが帰ってしまっても、翌朝までずっと鬼のままだった、とか、隠れたまま夜を越した、とかいうエピソードまであるほどだ。——かように坐禅や遊びは〈時〉を超える。過去‐現在‐未来という時に縛られることはない。

私たちはふだん〈時〉に縛られながら、過去に得たもの／得られなかったもの（たとえば外的価値としての地位・名声・財産・学歴など）にとらわれ、未来にそれを獲得すべく、現在を犠牲にする。そこでは、がんばること、努力しつづけることのみが美徳とされる。周りからは「為すこと」「得たもの」によって評価される。

ところが遊びのなかでは、世界と自己を、これとはまったく異なったふうに体験できる。いま‐ここでの直接体験の世界のなかで、人は《ありのままのわたし》でいられる。そして《ありのままの他者》と出会える。これこそが〝世界中の人たちと 楽しそうに遊〟び、交わえる世界、こころのなかで〝雪〟が〝母〟になれる世界なのだ。

ところで良寛は、どうして子どもたちと遊ぶのか？ との問いに「真にして仮なきを愛す」と答えている（北川 前掲書）。自然のままの姿――彼にこのような世界が開けたのは、宗門の現状に深く絶望し、故郷に帰ったあとも「到る所 意にかなわず 帰り去る 窮巷の辺」と詠まざるをえなかった、あの苦悩のあとであったことを思い出そう。

同様に、真魚がその世界を開きえたのもまた、外的価値に固執し、その価値基準で人を序列化し、より高く評価される場を求めてたがいに争いあう、という〈表層の世界〉の現実を、痛みをもって体験したからこそだろう。

真魚にとって眼前の現実世界と、見えないほんとうの世界はあまりにも遠く隔たり、引き裂かれていた。病気をしたのちに彼は《魚》と《雪》というふたつの詩を作ったわけだが、それはきっと、「ふたつの世界がつながるかもしれない」と微かに思えた、わずかな瞬間に表現されたのではないだろうか。この世の冷たく堅い壁に風穴があいて、そこから微かな光が射したように思われたとき、彼は、みずからの奥深くに存在している《ほんとうのこころ》を、詩というかたちに表したのだろう。

***　　　***

《雪》をつくって二年後の夏、真魚は海で亡くなった——十七歳の死である。
真魚のお母さんと私のなかでは、真魚はいまもずっと生きつづけている。
彼は海の魚になって〝世界中の人たちと楽しそうに遊んでいる〞にちがいない。
あるとき彼は言った、『きょう、公園で犬に乗った』。

『乗れた？』

『キャンていうて、しりもちついた』

犬に乗りたいなんていう自由な発想もおもしろいが、真魚に乗られそうになっても逃げもせず向かってもこない犬もいい。おそらく彼に友達を感じたのだろう。キャンは「こりゃあ、重くてかなわん」だろうか。そういえば良寛にもこんなエピソードがあった。ある家に泊まり、そこにある動物の絵を「甚ダ珍愛」して、家人が誰もいない隙にその絵と向き合って、その動物の「体ヲナス」（北川 同書）。——真魚も良寛も、その刹那、おのずからなる自由なこころが動きだし、日常的な狭い常識の枠を超えている。動物と人間（としての自分）のあいだに境界線など引いてはいない。

真魚のお母さんは、美しい風景に出会ったときなどに「真魚もいま、わたしと同じこころでいる」と感じることがあったという。それは、風景と母と子が一体になって、《雪》の詩に描かれているように、真魚のこころのなかに母がいたり、母のこころのなかに真魚がいる、という一瞬だったのではないだろうか。

週に一回（原則として）真魚の家に行っていた私とのあいだでは、《深い出会いの時》は、もうすこし儀式的なかたちで訪れていた。本を読むなど、ふたりでなにかの作業をしているとき、彼はすっと立って、私の横へ来て並んで坐り、目をほそめて、私の腕にそっと触れたままでいることがあった。その間、五分くらい、ふたりともなにも言わずにそのままでいて、とても静かな時が流れる。真魚はやがて元いた場所へすっと戻り、それまでやっていたことの続きをする。——なぜそうするのか、彼が語ったことはないし、私が尋ねたこともない。けれどそれが真魚と私の深い交感の様式であったことは間違いない。

岩田慶治『道元との対話』岩田慶治著作集5 講談社 一九九五年
北川省一『良寛優游』大和書房 一九八六年
秋月龍珉『禅門の異流』筑摩書房 一九六七年
唐木順三『良寛』筑摩書房 一九七四年

リアルなわたしへ
——響子の絵と音律

これから始まるのは、ある若い女性の魂の旅の記録である。舞台となったのはあるセラピィ空間。私は彼女の旅の同行者（役割的に表現すればセラピスト）にして記録者。

はじめに彼女についてすこしだけ説明しておこう——響子《きょうこ》は二十二歳。大学生。卒業を約一年後にひかえた三年生の二月、「このままでは、卒業後どのように生きていったらよいか、わからない」「自分を見つめ直すことで、これから生きていく道を探りたい」ということで、私が勤務している相談室を訪れた。それまでにも、その都度の問題を抱えてときどき訪れていた（大学一年生時から断続的に二十八回）が、週一回（後に二回）決まった曜日にという枠組で来談するようになったのは、このときが初めて。

彼女には、父母と、高校三年の弟がいる。

響子は中学時代に吹奏楽部へ入り、そこで打楽器の魅力に強く惹きつけられる。そして次第に、プロの打楽器奏者になりたいという夢を描き始める。音楽系の大学への進学を望んだが、からだが弱いこと、プロの道は厳しいことなどを理由に周囲に反対され、音楽系ではない大学に入学。入学後すぐに、あるアマチュアオーケストラに入団。力量があるため間もなくパートで指導的役割を果たすようになるが、そこで人間関係をめぐるトラブルが続発、過呼吸に悩まされる（過呼吸の発症はさかのぼって高校三年の夏、進路をめぐる葛藤状況のなかで）。彼女には身体表現性障害として、過呼吸のほかに手の脱力、嚥下障害、便秘などがあり、これらの症状によってときおり寝込む。

旅はどのように進んでいったか

はじまりは月の夜だった

面談の第一回目（以下①②……）、「自分を見つめる」というテーマを二人でどう深めていったらよいかを探るため、まず風景構成法をおこなった。それが一枚目の絵（以下Ⅰ Ⅱ……）である。

Ⅰ　月の夜の旅

風景構成法というのは、いまその人がどのようなこころの状態にあるかを描いてもらうもの、いわば心象風景である。ただし自由に描くのではなく、セラピストが画用紙に枠どりをしてから、川－山－田－道－家－木－人－花－動物－石－足りないと思うもの、を順に描き込んでもらい、そのあとで彩色する。

この絵について響子はこんなふうに説明した。

> 秋の月の夜。人物はわたし。切り株は、よくわからないが、あるほうが落ち着く感じがして描いた。向こう岸には森があり、山でトンボが休んでいる。石は描く気がしなかった。

此岸には棒状の人物、わたし。全体のなかでこの部分だけが彩色されていない。川には橋が架かっており、彼岸は、此岸とはうってかわって豊かな風景である。満月の光に照らされ、山の中腹には三匹のトンボが憩い、麓には四枚の田畑と、窓のない室《むろ》のような家がある。三本の木で森が表され、岸辺には色とりどりの花が六輪、咲いている。川に沿った道は、やがて川から離れて、虚空に向けて途絶している。

もう少し詳しく聞こうとすると、響子は絵を静かに眺めながら、しばらくのあいだ口を開かなかった。しかしそこには閉ざされた感じはまったくなく、むしろこちらに向かって豊かに開かれているように伝わってきた。ただ、言葉にはつながっていかない。ここで私がなにか言っても、それは枯葉と化して舞い落ち、この静かで豊かな場の空気によって無化されてしまいそうな気がした。この印象がどこから来るのかわからなかったが、そこにとても大切ななにかが含まれているだろうことだけは確かだった。

『この続きが描きたくなったらまた描いてください』と伝えて①の面談は終わった。

豊かな閑けさのなかで

②では、今日は話がしたいということで、中学時代のエピソードとして「親戚の人が『あんたにはこんないいところがある』と言ってくれたことがあって、そのとき、うれしくて涙が止まらなかった」という話をする。そして最近の心境についてこう語った。

自分はとても寂しい人間だとずっと思ってきたけれど、ありのままでいいんだ、とすこし思えてきて、背中に一枚衣をはおったような暖かい感じがしている。

③にはIIを描く――Iでは道が虚空に途絶していたが、この絵では川が、海につながった。両岸には人と人、人と花がいきいきと交感している風景が描かれる。私が響子に感じていた〈豊かな寡黙さ〉の印象は変わらない。タイトルをいっしょに考えることですこしでもイメージを共有したいと思い、『タイトルはどう付けたらいいだろう?』と問うと、響子は『海へ』と答えた。そこで『ここからなにかが始まっていくという感じはしない?』と問いかけると、たしかに、ということで〝原初の海へ〟に決まった。そしてIからIIへとイメージがどのようにつながっているか、と、風景を二枚並べていっしょに眺めていたところ、Iのタイトルはなにがいいだろうということになり、どちらからともなく〝月の夜の旅〟という題が浮かんだ。

次の④で引き続き絵を描く〈III〉――「右下の部分は海中で、なにかが漂っている。真ん中の上と下の部分は、海の上。日が昇りかけている」。水平線の彼方に日がかすかに昇りかけている。海からは、なにかが浮かび出ようとしている。そして今回は、響子が自発的に〝日の出前〟とタイトルをつけた。

次週の⑤でもまた絵を描く〈IV〉――「理想の男性イメージ。霧がかかってまだぼんやりとしか見えないけど、日が昇れば、山の姿ははっきり見える」。タイトルは〝霧にかすむ山〟。

⑥に響子は、一つの曲を録音したカセットテープをもってきて、『先週描いた〝霧にかすむ

II　原初の海へ

III　日の出前

Ⅳ　霧にかすむ山

山〟のイメージはこの音楽のなかに表現されているから、いっしょに聴きたい』と誘い、この絵を前に置いて眺めながら、二人で聴いた。聴き終わったあとで彼女は言った、『ここで絵を描いているとき、こんなふうにいつも音楽が聞こえている』。響子にとって、イメージは聴覚的に受けとめられていたのだ。初回〔①〕で私が感じた〈開かれた沈黙〉の印象は、おそらくこのためだったのだろう。

響子は打楽器奏者である。太鼓はその昔、楽器として使われる以前から、人と人、人と神々のあいだの交信手段だった(いまでもそのような使いかたがされている)。そうしたこともあって、どの程度意識されていたかはわからないが、非言語的に人から人へなにかが伝わっていくことの豊かさを経験的に知っていた彼女は、みずからのイメージも以心伝心的に伝わることを望んだのだろう。

すこし道が見えてきた感はあったが、それでもなお「その領域に言葉が参入しにくいのはなぜか?」という疑問は残った。

やがて⑧でV〝扉が開く〟が描かれ、響子はこんなふうに話した。

Ⅴ　扉が開く

外部〔ドア・壁・階段〕はあざやかな世界。内は穏やかで暖かい世界。いままでこの二つの世界がつながらなくて、外部に対してはガードしてきつい自分がおり、弱い自分をわかってほしいときに過呼吸になっていたと思う。過呼吸になるにも、どこかさめた自分がいて、タイミングを見ていたり、苦しいけれど反面とてもうれしい思いがしたりしていた。

この気づきを起点に、続く一箇月ほどのあいだ、これまでの自分自身のありように対する洞察がさらに深められてゆく。

先週、なぜ過呼吸になるのかがわかってすごく楽になった。どこかで「楽しんではいけない」「目標に向けて頑張らなければならない」という思いが強くて、あるべき姿を追いかけるのに精一杯で、プロセスを楽しむということがこれまでなかった。⑨

自分の感情を抑圧して、「べき」の世界で生きようとしていた。音楽もどこかで「やらねばならない」「練習しなければならない」という感じがつきまとっていて、自分のこころを表現することとの距離をずっと感じつづけてきたが、自然にやれるようになってきた。⑩

自分には完全主義のところがあって、いつも完璧な状態を求めている。だから、現状にはいつも不満足。「ほどほどの感じ」がなかなか摑めない。雨か晴れかで、曇りのなかに留まるのが難しい。⑫

このごろ、いやなことや嫌いな人がだんだん少なくなってきた。自分がこれまでどんな人を嫌っていたか考えてみると、いい加減な人と、男性に依存して甘えようとする女性。自分のなかにもどこかにあるそういう望みを抑えつけようとしていたから、そういう人たちを、許せないと思うほどに嫌っていたのだと思う。⑬

新しいわたしの誕生

これからしばらくは、すこし不思議なセッションが続く。

部屋に入ってソファーに座ると、『先週なに話してましたっけ?』と問う。帰り際に『ここを出たとたん、いま話したこと全部、忘れてしまう。やわらかい、暖かい感じだけが残っている』と言ったこともある。

⑭では、さまざまなことが思いつくままに語られた。前回までのような、言葉をとおして脈絡をたどっていく作業は意味がないように思われた。というより、脈絡をたどることじたいが難しかった。

それにしても、みずからが話した言葉を忘れる、ということがこの段階で生じたのはなぜだろう（この問題については、もうすこしあとで考えてみたい）。

そして十月末、響子は「人が死んだ」「誰かの赤ん坊が生まれた」という、〈死と再生〉をテーマにした二つの夢を、同じ日に見た（生まれたものが何であるかを象徴的に示す絵VIは一箇月後に描かれることになる）。

その間に自分のこころの奥深いところで動きだしていた情動を、響子はこんなふうに言い表している、『こころの内と外のバランスをとるコントロールセンターができたみたい。それで、とても落ちついた気分でいられる』⑶⓪。この言葉からは、彼女のこころの中心が〈自我〉から、全体を司る〈自己〉へ移りはじめていることが感じられる。

また㉝では、『深くてやさしい気持になってる。いままでになかったような感じで、とても充ちたりてる』とも語った（ちなみに、この間に響子は「これまでのように週一回の面談では卒業までに間に合いそうもない」ということで、十一月中旬の㉛から、週二回のペースで来談するようになっていた)。

そして㉞に絵VI〝新しい私の誕生〟が描かれる。

画面全体に青の世界が広がり、右下、やわらかいピンクの円のなかには、大切そうに、濃いピンクのリボンと包装紙に包まれた、贈り物のような箱が入っている。

ふたたび現実のなかへ

これまでずっと深い内面世界の旅を続け、そしていま新しく誕生した〈わたし〉は、ふたたび現実の世界に戻ってゆかなければならない。これからしばらくは帰り道である。

そのなかで響子は二つの大きな心的作業をした。一つは、これまで慣れ親しんできた、あるいはそのようにせざるを得なかったコミュニケーションパターンを、より「じかの」の触れ合いが可能なものへと変容させるために、まず、家族とのあいだで試みを開始したこと。そしてもう一つは、人生における「断念」の意味を深く考え、それをみずからの内部に血肉化させたことである。ともに、彼女が現実の世界でこれからの生をより実感のあるものとして生きてゆくためには通り抜けねばならない関門であった。

第一の作業はこのように始まった。

Ⅵ　新しい私の誕生

父親と衝突して泣きわめいたり叫んだりしてしまった。自分のなかにこんなに強い感情があったのかと、びっくりした。㊴

母と弟と自分の三人で居たとき言い合いになって、またわめいてしまった。家を飛び出して、その日は帰らず、次の日に帰った。母はなにも言わなかった（無断で外泊したことを怒らなかった）。母に手紙を書いた。㊻

意識的にというよりは、内面から突き動かされて思わずそうなっていた。これまで自分の感情を抑圧して生きてきて、欲求を口にすることは滅多になく、語る言葉は「べき」という規範の色あいが濃かった響子にとってそれは、「自分はいったい、どうなってしまったのだろう」と不安に感じさせるものであった。

私は、「いままでとは違ったかたちで人と出会いたい」という彼女の本源的欲求がこのように表出されたことを、きちんと支える必要を感じた。そこで、『それでいい。父親はあなたの叫びに触れて、いままでにはなかったような理解のしかたを示してくれた（彼女の家出中に父親は母親に『あの子はいま悩んでいるのだから……』と話している）のだし、母親もあなたの行動を咎めなかった。ほんとうの「わたし」をわかってもらうために流れを変えようとすれば、すごいエネルギーのいることがある』と伝えた。

第二の作業——三月になって響子は、いっしょに読みたいと、一冊の詩集〔小川英晴『創世記』〕を持ってきた〔54〕。こころの奥深くで、とあるテーマに接することを求めていたとき、偶然のように（ここにはユングのいう共時性がはたらいているように思われる）、彼女はこの詩集にめぐりあったのである。

それは「はじめに海があった ひとは海からとおく此処まできた」で始まる詩なのだが、響子はなかでも次のところに強く惹きつけられた。

海では
可能なことの
ほんのひと握りのことだけが
試された

だが海は
むしろ試されぬものにこそ
限りない愛着をいだいたのだ

なぜそれほどまでにこの部分にこだわるのか、響子自身も初めよくわからなかったようだが、数時間ふたりで話すうちに、それがみずからの人生の重要なテーマである「断念」に関わるものであることに気づきはじめた。

響子はこのときまで、将来音楽家になりたいという夢を捨てきれずにいた。けれどもそれはさまざまな要因の重なりのなかで、実現するのはなかなか難しいものだった。その夢をどのように諦めればよいのか、という切実な思いのなかで彼女はこの詩に出会ったのである。

「ここに鍵がありそうだ」と直感しながらも、その言葉の意味するところを理解するにはあと一歩、という状態にあったのだろう。——卒業三箇月後にくれた手紙のなかで、響子は「詩の意味を教えてくれてありがとう」と書いている。

大学を卒業する三日まえ、響子は二枚の絵を描いた。

Ⅶ――細くなり、太くなり、くねくねと曲がりくねった道。その全体が十色に塗り分けられている。両サイドは下段に種、中段に双葉、上段は花が描かれ、植物の成長過程を表している。そこは彩色されていない。

この絵について響子は次のように語った、『この絵は、混沌から始まって、さまざまな困難や試練を通り抜けて光の道に至る、というのがテーマ』。大学に入ってすぐにアマチュアオーケストラに入団し、そこで出会ったいくつかの事柄とそれに対する思いを結びつけて、色分けされているという。

はじめの茶色は、混沌としてまだなにもわからない状態。そして青、最初の大爆発〔「いいかげんなことばかりで、練習もあまりしようとしない」メンバーとの葛藤のなか、過呼吸が頻発した〕。緑、それが少し落ちついてきた〔仲裁する人がいて、関係がよくなり、過呼吸も一時おさまった〕。橙色、安定した状態。紫、雲行き怪しく、次の試練が見える。赤紫・赤と、とても苦しい時期が続き、青は、ついにプレッシャーに負けそうになる状態〔練習方法などをめぐって、また数人のメンバーとのあいだで対立が深刻化し、過呼吸も再発。しばしば寝込む。ついに体調が回復す

VII　道・身体的表現

るまでしばらく休む決断をした〕。オレンジから黄色では、休んで考えているうちに自分の問題が見えてきた〔定期的に来談するようになったのはこの時期〕。自分自身の問題を見ないようにするため他人を批判していたようだ。こうあるべきだという自分の「理想」の枠組にあてはめようとして〔だから人がいいかげんに思えた〕対立した人たちに謝りたいと思うようになった。そういういろんなことを切り抜けて、黄色は、光の道で、ありのままの素直なわたしが、大きく、暖かく包まれている感じがする。「その道を、無理せず自然に歩いてゆけばいいんだよ」と言われているみたい。

両サイドについては、『種は発芽しないこともある。双葉もそのままで枯れてしまうこともある。花は咲くこともあるし開花しないこともある』と、断念のテーマが自然の摂理のイメージで描かれ、そして語られた。

続いてⅧ――『山の麓に足跡で描かれているのは、わたし。そこに立って山頂からの光をアンテナのように受け取っている。山道には何人かのひとがいて、歩いたり、休んだりしている。絵を描きながら聞こえていたのはレスピーギの〝ローマの祭り〟第二楽章。半世紀ごとに行われる「五十年祭」にローマを訪れる巡礼が主題』。

黒灰色の闇を背景に山。山頂には黄色く輝く光。頂上部分は光の存在によって開かれている。

Ⅷ　道・宇宙的表現

麓には黒色で描かれた足跡。山頂と麓は道が通じている。
絵のイメージ全体がここではじめて言葉と結びつく。絵を描き、そのイメージについて語ったあと、そのときの心境を響子は「自分をより深く知ることができてわくわくしているのだけど、地に足が着いている感じ」と表現している。——また、セラピィ終了三箇月後の手紙には、このように書いている。

「この旅をとおして、ほんとうの意味で卒業することができた」

ところで、これまで響子が絵を描きたいと言ってきたときは、いつも私は一枚の画用紙とクレパスを手渡してきた。しかしこの日はなぜか、なんのコメントもつけずに二枚の画用紙を渡していた。彼女もなにも問わず、なにも語らず、当然のごとく二枚の絵を描いた。これも以心伝心のひとつのあらわれだろうか。

旅はどのように体験されたか

絵Ⅰ〔二七頁〕

これから進もうとする響子の旅が〝イニシエーション〟としての深みをもつプロセスであることが、そもそもここから表現されていた。

此岸には彩色されない棒状の人物〈わたし〉――「問われているのは自分自身だ」ということが直截に表されていると思う。

樹が伐られて切り株になっているのは、引き続いて描かれた絵IIで、左下、人の領域にベンチが置かれていることも考えあわせると、心的外傷というよりむしろ、これからゆく旅がどのような旅であるかを暗示しているようだ。「為す」ことにのみ意味を見出してきた、意識的・意志的なこれまでのやりかたでは、この旅を進んでいくことはできない。「切り株に坐って静かに内面を見つめること、みずからの深いこころと出会うこと、いまあなたに求められているのはそういうことだ」と、この切り株が語っているようでもある。

そして橋を渡った彼岸は、月の光に照らされた夜の風景。

太陽の照りつける光線のもとにではなく、月の冷たい反射光のなかで、もし無意識の暗黒が大きいならば、そのとき創造の過程は息づく。昼ではなく夜が生殖のときである。そこには闇と静寂が、秘密と沈黙と秘匿こそがふさわしい。そこで月がむさぼりつくす太陽の死の性格とは反対に生命と成長を司るものとされるのである。夜露おく月－夜は、眠りのときであると同時に治癒と回復のときでもある。〔……〕無意識のもつ再生させる力は、眠っているあいだに、夜の闇のなかでその仕事をする。〔……〕おのずから、自然の赴くままに、意識の影響をこうむらず、頭－自我の助けを借りることなく。〔ノイマン『女性の深層』〕

山は、異次元世界への通路であり、宇宙の表象でもある。麓の窓のない小屋は、イニシエーションの過程で人が変容のためにこもる室《むろ》を連想させる。森もまた、未知の領域・無意識の領域の象徴であろう。

そして川辺には色とりどりの六輪の花。花は引き続き描かれる自由画の何枚かのなかでも、非常に深いメッセージ性をもって現れてくるので、ここでは〈六〉という数字が象徴するものについて、つまりそれが「異なるものが同時に存在しうる世界」、そういう調和的世界を表しているだろうことにだけふれておこう。

ところで、花だけではなくここに描かれた彼岸の風景のアイテムのそれぞれは、続く自由画にふたたび登場することになるのだが、トンボが描かれているのはここだけである（ただし形を変えて、その象徴性は引き継がれるが）。この絵Iで山に憩う三匹のトンボは、いったいなにを象徴しているのだろうか。ここですこし〈トンボ〉について考えを巡らせてみよう。

トンボは、人間とはずいぶん異なった世界をいきる生物だ。水中で脱皮を繰り返した末やっと、空を翔ぶ成虫となる。三六〇度の視野を有し、人間には見えない光を感じとることができる。古来、日本人はそのようなトンボに象徴的ななにかを感じ、親和的な感情さえ抱いていたようである。

弥生時代の初期、シャーマンが活躍していた小共同体中心の時代。祭りの聖なる鐘である銅鐸には生き物が描かれることが多かったが、そこにはトンボの姿もある。銅鐸の生物画についてはさまざまなとらえかたがあり、なかには「自然の営みと人間の営みのあくなき対峙と、反面、その調和と融合を願う思想的表現であった」という考えもある〔寺沢薫「弥生人の心を描く」〕。「銅鐸では概して動物がおおらかに自然を闊歩しているのだ。そこには人間界から覗いた世界と、自然界から覗いた世界が、あたかもヒトとシカとの対応のごとく存在するかのようにみえる」

〔同書〕。——響子の描いたトンボの数が〈三〉（「二元」を超える視点）であったこともあわせると、彼女のこころの奥深くにもこのような心性が宿っていたのではないかと思われる。

だんぶり長者という昔話もある。男が山で昼寝をしているとき、トンボが口や鼻のあたりに翔んでいるのを妻が見た。男は目を覚まし、「山蔭にうまい酒があってそれを飲んだ夢をみた」と妻に話す。「いま顔の上をだんぶり〔トンボ〕が何回も翔んでいた。不思議だ」と、夢でみた山蔭へ行ってみると、そこにはうまい酒が流れていて、二人はそれを汲んで売り、山からは黄金も出たという話である。——ここではトンボが、魂の導き手の役割を果たしている。

このように、彼岸・無意識過程と深くつながる変容が予感されているとき、もし響子が〈石〉に不変のイメージを抱いていたとすれば、彼女がそれを描くことに戸惑いを感じた（風景構成法での指示アイテムに入っていたにもかかわらず）のも無理からぬことである。

最後に、この絵にはもうひとつ大切なメッセージが託されている。

〈橋〉にも〈道〉にも、「つなぐ・結びつける」機能がある。ところが響子の絵では、橋を渡るとすぐに道に出るが、その道は虚空に向かい、そして途絶している。——それは、性急に橋を渡ること、いいかえれば「意識過程と無意識過程を慌ててつなげようとすること」には危険が伴う、と暗示しているように思われる。

絵 II〔三一頁〕

彼女の深奥の知は、この段階で橋を渡る危険を回避し、より根源的に、原初の海・混沌の世界からその旅を始めることを選んだ。

譬えば道の天下に在ること、猶川谷の江海に於けるがごとし
――「道」の天下におけるあり方をたとえていえば、川の流れや谷川が（もっと大きな）大江や大海にそそぐようなものである。〔小川環樹『老子　荘子』〕

あらゆる区別と差異・境界を消滅させて、海は、世界を誕生前の状態に引き戻す。その海に抱かれ、受容されることで、きっと響子は「ありのままでいい」と思うことができるようになったのだろう。

彼女は母なるものの元型的イメージと出会った。〈わたし〉が生まれる（〈自我〉が形成される）以前の自他未分離の状態のなかでは、人と人とはじかに触れ合い、その存在のありようは集合的である。人と自然（この絵では花と稲として表現されている）とのかかわりも直接無媒介

的。そこでは、「自」が「他」を対象としてみるということはない。そういう人と人・人と自然の「じかの交わり」の風景が、この絵の両岸には描かれているように思われる。

絵III〔三二頁〕

この絵は創世イメージを髣髴とさせる。

「国稚く浮ける脂のごとくして、海月なす漂へるとき、葦牙のごとく萌えあがるものによりてなりませる神」〔益田勝美『古事記』〕、そしてイザナギとイザナミが、天の浮橋に立って矛をおろしてかき回すと、矛の先より滴った塩が積もって「オノゴロ嶋」になった。中央下の部分は黄土色に塗られていて、「浮ける脂」のようである。右の部分、海月のような、葦牙のようなものがゆらゆらと海中に漂っているようである。そして中央上はすでに嶋の形を為している。

創世神話を語ることはイニシエーション儀礼の核心を為すことがあり、創世神話が「人間による世界の意識的認識の起源を説明する無意識や前意識の作用を表している」〔フォン・フランツ『世界創造の神話』〕という指摘もあるが、絵IIIのテーマはそのようなことだろう。意識がどのようにして生まれてくるかのメタファーとして、古事記的な創世イメージが描かれた。対象関係論でいえば〈分離–個体化の時期〉（母親との共生関係を経て、「自分は独立した存在である」という意識をもつようになる頃）に相当するのかもしれない。

絵Ⅳ〔三三頁〕

くっきりと存在感をもって描かれた山からは、元型的な父親イメージが喚起される。三者関係成立（母・子に父の存在が加わる）の時期を迎えたということになろうか。とすると、絵Ⅲと絵Ⅳをあわせて、〈原両親の分離〉の段階を表現しているとも考えられる――「人類の外的な文化の発達のみならず、内的な文化の発達も光の出現および原両親の分離とともに始まる。この対立が展開していくと、昼と夜、前と後、上と下、我と汝、男性的と女性的という対立が明確になり、始源の混成状態から区別される」〔ノイマン『意識の起源史』〕。

絵Ⅴ〔三五頁〕

さきの原両親の分離を「扉」が表しており、それが「開いている」状態が描かれることによって、区別されたものがふたたびつながったことが示されている。

ここに〈橋〉と〈扉〉の象徴性の異同がはっきりと読みとれる。橋は「つなげる」機能のみをもつが、扉は「つなげる」機能と「分ける」機能を併せもつ。そう考えると、この絵のシリーズがなぜ、橋を渡ることから始まらず、海によってすべての区分をいったん解消し、意識／無意識の分離過程を歩み直してから扉に至る、というプロセスを経ていたのかがよくわかってくる。おそらく、意識生成のプロセスをきちんと辿りなおしたうえで意識的なものと無意識的なものとが再会する、ということが肝要だったのだろう。

意識と無意識を性急に結びつけることの危険は、絵Iでも暗示されていたが、これは『荘子』のなかにある「渾沌」の話と重なる。

渾沌に手厚くもてなされて感激した二人が、お礼にと、渾沌に目・耳・鼻・口の七つの穴を差し上げようと、毎日一つずつ穴をあけていってあげた。ところが何としたことか、七日目にして、渾沌は死んでしまった。

海の混沌のなかからなにかが生成されて行くためには、それ自身に内在するゆっくりとしたプロセスが必要だったのである。意識主導で進んで行くプロセスではうまくいかない。

さらに、扉の内と外、つまり〈境界〉を表しているこの絵Vは、「イニシエーションとは？」という視点からみても重要な意味をもつ。

イニシエーション儀礼のプロセス全体には、分離〔境界前〕、過渡〔境界上〕、統合〔境界後〕の三段階があり、この〈過渡＝境界上〉の段階は、多くの儀礼のなかで敷居や門に象徴されるという。

門というのは、普通の住居地の場合なら自分の住んでいる世界と外の世界の境界であり、寺院の場合には聖界と俗界との境界である。したがって、〝敷居を越えるということ〟は新しい世界に入ることを象徴するのであり、〔……〕敷居じたいに関して行われる儀式も過渡期の儀礼であることは注目されてよい。〔ファン・ヘネップ『通過儀礼』〕

一輪の花が、内なる世界と外なる世界の境界線上に置かれているのは、おそらく「境界線上にあるわたし」を象徴しているのだろう。それでは、ひっそりとコップに生けられている青い花に託された意味は何なのだろうか。――禅者の南泉が「時の人この一株の花をみること、夢のごとくに相似たり」と言ったことから、幻の花ではなくほんとうの花とはなんなのか、を探求した一節〔岩田慶治「花の宇宙誌」〕にヒントを求めてみよう。

① 我々は花の部分だけをみて全体を見ていない。〔……〕しおれ、散る花もまた花なのだ。〔……〕花のいのちの全貌を直視し感覚し、受容する必要がある。

② 花のいのちの出発点を見よ。〔……〕

③ 自分が花に出会う。花が自分に出会う。その出会いの場においては花が花に出会い、自分が自分に出会っている。その出会いの場とは一体どこなのか。〔要約〕

①の視点から響子が大いなるメッセージを受けとったことは、絵Ⅶにも示されているのだが、ここⅤでの花は、③のような「根源的な問い」が彼女の深層から浮上してきたことを意味しているように思われる。

いったん分離された主と客が、その分離を前提としたうえでもう一度ほんとうに出会えるのは、どこにおいてか？

人はどのように〈二元〉を超えることができるのか？

このような問いが彼女のなかに生まれはじめたのだろう。

そんな〈二元〉を超えた新しい世界が、響子のなかに生まれかけているということは、内部の世界＝無意識領域を表象する「三角形」の頂点部分が宙へ向かって開かれていることからも予感される。

つまり、開けているところは〈無限〉への通路。開けた先の領域は、ユングのいう〈集合的無意識〉、あるいは鈴木大拙のいう〈宇宙的無意識の広大無辺の領域〉を暗示しているように思われる（ここに描かれている「頂点が開けた三角形」が、絵Ⅷにも現れているとの指摘もある〔岡昌之氏〕。ということは小宇宙としてのわたしと大宇宙との対応関係がこの形象の相似のなかに表れている、とも考えられるだろう）。

絵Ⅵ〔四〇頁〕

大切そうにリボンで結ばれたこの箱は、きっと、かけがえのない贈り物としての「わたし」だろう。それが暖かいピンクの円に包まれて、その背後には無限の青い世界が広がっている。ひょっとすると、ここで誕生した新しい〈わたし〉は、天使からのプレゼントなのではないだろうか。

天使とプレゼント

なにがてんしからのおくりものか
それをみわけることができるだろうか

はなでもなくほしでもなく
おかしでもほがらかなこころでもなく

それはたぶん
このわたしたちじしん……

〔谷川俊太郎『クレーの天使』〕

そのような誕生がピンクに暖かく包まれているというのは、とてもよくわかる。ピンクが「生命」を象徴するとした思想家は、青についてこのようにいっている、「青い色面について言うならば、青とともにますます前進していきたい、自分の中の利己主義を克服したい、いわば大宇宙的な存在になりたい、帰依の心を強めたい、という欲求を感じながら、宇宙の中へ参入するでしょう」〔シュタイナー『色彩の本質』〕。――ピンクのやわらかい円に包まれ、さらにその背後に無限につながる青の世界に包まれ（ということは、包まれながらも同時に開かれているように）、〝新しい〈わたし〉〟は誕生した。

この《二重性》にはもうすこし踏み込んでみよう。

〈わたし〉のあり方にとって決定的なのは、世界が見えない二重性を為しているかどうかだという〔上田閑照『私とは何か』〕。目に見える世界だけが人間の存在世界であると思うとき、それは「同時に言葉世界でもある。……自我は言葉によって世界を『私《わたくし》』し、差配しようとする」。この閉ざされた世界では〈わたし〉は他者と出会うことができず、対立し、コンプレックスからも解放されない。けれどもほんとうは、この見える世界を超え包んで、限りない開け＝目に見えない世界が存在している。そうした《二重の世界》に開かれてはじめて〈わたし〉は「真に『我ならざる』他者を他者として受け入れ、また自ずからの自然に触れえる」。

ピンクの「見える世界」、青い「限りない開け＝無限の広がり」、この二重の世界に包まれて‐開かれて在る〈わたし〉がいま生まれた。――響子の絵VIは、そのような深いメッセージを伝えているのだろう。

絵Ⅶ〔四五頁〕

これは、ある時期みずからの深層の願望を身体諸器官をとおして「身体言語」として表さざるをえなかった響子が、どのようなプロセスを経て身体の自然性を回復していったかを、それら身体諸器官のイメージをベースに置きながら描いたものであろう。また、その自然性の回復がどのような認識の変容とともに起こったかも、経験に裏づけられたかたちで描かれている。加えてそこには〈道《タオ》〉のイメージ（混沌から光へ）も含まれており、複合的なメッセージを伝える作品となっている。

この絵は下から展開していく。響子のいう「最初の大爆発」――ここで彼女は過呼吸に苦しめられるのだが、この部分は呼吸器としての肺がイメージされているようだ。全体としては上下がつながる一つの管、消化管を表しているだろう。その入口で嚥下障害、出口で便秘があったことを考えると、消化管の上下がつながるこの絵の意味は大きい（便秘が無くなったことは㊴に報告されている。嚥下障害、手の脱力をともなって寝込むこともこの時期にはすでになくなっている。過呼吸は、Ⅴを描きその意味が理解された時点から、ときに起こりそうになることはあるが、発作には至っていない）。

響子にとってこれまで（この絵の色分けでいうとオレンジから黄色の段階に至るまで）、身体症状の原因は外に求められていた。「わたしがこんなに一所懸命みんなのためにやっているのに、なぜみんな言うことを聞いてくれないのだろう」「どうして対立してしまうのだろう」――それがオーケストラの休団をきっかけに（休団期間は約三箇月）、みずからのありかたに目が向けられるようになり、彼女自身の言葉〔最終回⑥⓪〕で語られているような認識の変容が起こった。

その変容は、言語レベル（意識の領域）だけでなく、こころの奥深いところでも起こっている。元型的な母のイメージに優しく抱かれ〝見えない世界〟とも接することによって、「私が私の自然と出会い、他者を他者として受け入れることができるようになった」〔上田閑照 同書〕ということが大きいのではないだろうか。

そういう変化を響子は、この絵を描く前後にさまざまな言葉で表現している（「コンプレックスに苦しまなくなった」「嫌いな人が少なくなった」など）が、ここへ来るまでには、「ありのままのわたしを見て、そして認めてほしい」という切実な思い、そして彼女のずっと感じていた深い寂しさを、身体言語としての過呼吸によって表さざるをえない時期があった。

しばしばそのために寝込むことになった手の脱力や、嚥下障害もきわめて象徴的である。「道具」としての手、なにかを「為す」手。響子は手の脱力と同時に流動物しか飲み込めなくなるのだが、この二つの症状は、「なにかを〈為す〉ことによって認められる・評価される」

のではないありよう、つまり「〝ありのまま〟のわたしが、そのままで受け容れられる」といった、赤ん坊には無条件に認められるような状態への回帰を、無意識裡に求めていたことを示していたのだろう。

両サイドに描かれている〈断念〉の表現も然り。この絵を描くすこしまえに二人で読んだ詩の一節にある「むしろ試されぬものにこそ　限りない愛着をいだいた」海のように、ありのままのわたしを優しく抱きとめてもらえるなら、あたかも自然の摂理のように〈断念〉を受け容れることもできる、という思いのなかでこのイメージは生まれてきたものだろう。

老子は道《タオ》の世界を「万物を尽く然りとし、是をもって相つつむ」と表現しているが、二元的な区別・対立・矛盾のすべてが海のような境界のない大きさで包まれ、ありのままが是とされる世界を感じながら、ひょっとすると響子は、この断念という行為のなかに〈自由〉をも垣間みることができたのかもしれない。

なにかに成ったとき、なにかを為したときにのみ認められる、という条件つきの承認ではなく、生まれたままの赤子のように一切の条件なく〝かけがえのないこのわたし〟が暖かく包まれる——そのような世界を、人はこころの底で深く、深く、求めつづけているにちがいない。けれどもいまこの時代は、必ずしもその願いを充たしてはくれない。

はじめに海があった　ひとは海からとおく此処まで来た　〔小川英晴　前掲書〕

旅の始まりでは虚空に向けて途絶していた道が、旅の終わりに、山の麓と山頂を結んでつながった。

絵Ⅷ　〔四七頁〕

山頂は〈無限〉へと開かれているが、それは、有限世界と無限世界が同時に存在している〝ほんとうの世界〟のありようを響子が知ったことを意味している。目に見えない《二重性》の世界が〈わたし〉の存在世界になったということである。

古代の人々は部分から全体を直感する視力を持ち、見える世界から見えない世界を透視する能力を持っていたというが〔岩田慶治　前掲書〕、この絵でも、足跡によって〈わたし〉の全体が表現され、山道を往き来する人々（実際には描かれていない）が透視されていることからすると、直接に目に見えるものだけしか見ようとしない現代人が失ってしまった古代の叡知に、響子がここで触れることができているようにも感じられる。

見えない身体の諸相は、修行や儀礼を通してリアルに感得されることが多い。〔……〕こうした見えない身体の位相は、深層意識や霊魂と呼ばれてきたものと密接な関係がある〔……〕見えない身体とはこころやたましいといった目に見えないいとなみと深く関連しているのである。

〔鎌田東二『身体の宇宙誌』〕

まさにそのような領域に関わる〈わたし〉の存在が、この足跡によって表現されているのだろう。

ところで「光をアンテナのように受けとるわたし」と響子はいっているが、これは、表層的な人間の目には見えない光を三六〇度の視野でとらえるトンボの目を感じさせる。もしかすると絵Iのトンボはその可能性を予示していたのかもしれない。さらに、光について考えれば、山岳マンダラで月と太陽が同時に表現されていることがある（たとえば富士浅間曼陀羅）ように、ここで描かれているのも、そのような「調和的な光」なのではなかろうか。背景は深い闇の世界になっているが、老子は「万物は闇を背にし、光を求め、その迸る力が万物を調和させる」という。この絵には、そのような〈道《タオ》の世界〉のイメージそのものが表現されているように思われる。

最後に、足跡と山について考えておこう。頂点の開いた三角形によって有限世界と無限世界の同時存在が表現されていると述べたが、麓に残された足跡も、あるいはそのことを表現しているかもしれない。

ある日、寺院の石段に腰掛けていたときのことである。褐色のボロをまとった修行者がやってきて傍らに坐った。白ひげの老修行者だった。寺院から寺院へと巡礼した末にたどり着いたのであろう。身の丈ほどの長い杖をついていた。

しばらくして、修行者はこういった。

「この世界のなかで、お前さんから一番遠くにあるところはどこかね」

この言葉が、いつも、修行者の頭のなかにもやもやとしていたのだろうか。それとも、人類学のフィールドワーカーとして、修行者の仲間でもある私をこころみようとしたのであろうか。

はて、私から一番遠いところはどこだろう。地球の裏側の、南アメリカのどこかだろうか。それとも、天王星、海王星、あるいは冥王星だろうか。いや、もっともっと遠い銀河の彼方だろうか。

いや、私の足もと、足の裏に接している地面、そこが一番遠いところじゃないか。いや、一番遠くて一番近いところだ。そこに違いない。そこで有限と無限が交わっている。裏と表がトンネルで通じている。そこで生死が切り結んでいる。私という束の間の空間が宇宙という永遠の空間に触れている。

そこはどこだ。

そこだ。いや、ここだ。

ここまでくると人類学の常識は通用しない。新しい知が誕生しようとしているのだ。

新しい風景が誕生しようとしているのかもしれない。

（岩田慶治「人類学はどこまで宗教に近づけるか」）

セラピーが終了してからしばらく経った頃、二人で話をしたことがある。

私は『仏教とか老荘思想に関心ある？』と尋ねてみた。響子は『ほとんど知らない』と言う。セッション継続中には彼女の望みどおり私は、イメージとの関連では、非言語的な以心伝心を超えてそのような内容に触れることはなかった。

彼女のイメージは、外からの影響を受けることなく、奥深い内部から、おのずから生起してきたものだといってよい。

旅をひとまず終えて――イメージ・音・言葉

響子はどちらかといえば言語表現力が豊かな女性だ。絵Vを描いたあとで語られた、認識の深まりを表現する言葉の数々や、あるイメージが生起してくる前後のこころのありようについての描写（たとえば「背中に一枚、衣を羽織ったような暖かい感じ」〔I〕、「こころのコントロールセンターができたみたい」〔VI〕など）は、その状況を表すのにとてもふさわしいものに思われる。

にもかかわらず、いざイメージと向き合ったときには、ある時期まで必要最低限の（と彼女が思う）情報伝達的な言葉以外、語られようとしなかったのはなぜだろう。

これに関連してきわめて示唆に富むある考察がある。文字をもたないサバンナの農耕民モシ族について語られたものだ〔川田順三『音・ことば・人間』〕。

モシ族にとって、人間のことばと楽器音は、基本的な概念の上で同一視されているだけでなく、太鼓ことばにおけるように、この二つは事実重なりあってもいます。西洋的概念から出発する音楽記号論が、まず音楽と言語を異なる領域のものとして設定した上で対置あるいは比較するのとは逆に、モシ族の概念から西洋的概念に向かうとすれば、コエガ（メッセージ）という概念を出発点として、連続したひろがりとしての音の世界の中に、「音楽的領域」と「言語的領域」がどのように識別されるのかという方向に、むしろ探求をすすめるべきではないかと思われます。

当初は、絵の伝えようとするメッセージを、音の世界にみずからの根拠をおいていた響子は「音楽的領域」で受けとる方向へ、かたや私は「言語的領域」で受けとる方向へとむかっていた（後に私は、絵に表されているメッセージを「公案」のようなものとして受けとりたいと思うようになっていった）のだが、じつはそれは、異なるふたつの方向だったのではなく、ひとつの連続したひろがりであって、その共有された場で以心伝心とでもいうべき「交感」が生じていたのだろう。

ところが次第に、イメージの深化にあわせるように、響子の言語感覚も変化してきた。

彼女はある時期、相談室内で話されたすべてのことを、外に出たとたんに忘れた。なぜそのようなことが起きたのだろうか。

荘子はいう。

夫れ道は未だ始より封有らず。

非言非黙にして、議に極まる所有り。

蹄は、兎に在る所以なり。兎を得て蹄を忘る。言は意に在る所以なり。意を得て言を忘る。


意訳するとこのようになるだろうか。――もともと「道」には、区切りや区画はなかった。人間がそれを分別して、名づけ、言葉によって互いに区別されるような世界をつくりだすのである。


しかも人間は、こうして自分の言語意識の生み出したものを、はじめからそこにあったもの、と思いこむ。彼の目には存在の「多」だけが見えて、その背後にひそむ本源的「一」は見えない。

〔井筒俊彦『意識と本質』〕

そのように、

言葉によってはものの真相をとらえることはできないのだから、語らず黙さずが、ものの真相に近づく唯一の方法。兎を捕らえてしまえばわなのことは忘れてしまうように、意味をとらえれば、言葉は忘れてしまえばよいのだ〔小川環樹 前掲書〕

近世の禅者、無難ならこう語るだろう。

妙は言句に及びがたし。喩へば、人にむかひ、何こころなく一日語れどもつきず、語ることに覚えず打ちうなづき、万法をわすれ、成程心やすし、たちのきて、なにを語りしとも知らず、是れ妙のなすところなり。〔鈴木大拙『東洋的な見方』〕

現代の心理学者も、言葉のもつ両義性を鋭くつく。

言語は両刃の剣です。言語は私たちの体験を、自分自身の中で、あるいは他者との間で、共有しにくいものにしてしまうこともある。言語は、対人間で同時に起る二つの体験形式、すなわち生の体験と、言語で表象される体験の間にくさびを打ち込みます。〔スターン『乳児の対人世界』〕

自分と他者との出会いが直接無媒介にいま－ここでなされる。先人たちはこぞって、意識の表層の言語的な領域ではなく、この〈間主観的な領域〉こそが、人間にとってより本源的な出会いの場だといっているのである。

さて、そうした経験を経て響子は〝新しいわたしが生まれる〟というイメージを産み出すのだが、彼女のなかで新しく生まれたものがこの〈深層の間主観性〉と深く関わっていたとすれば、「いま－ここの直接体験」を言語によって形骸化させないためにも、語られた言葉はすぐに忘れられたのかもしれない。こうした経験をくぐり抜けることが、響子にとってはどうしても必要だったのであろう。

目に見える世界は同時に言葉世界である。〔上田閑照　前掲書〕

言葉の分節作用は、もともと区別のない世界に区別を持ち込み、争いと敵対の世界を現出させずにはおかない。目に見える世界のみが自分の存在世界であるとき、人は「世界はもともとそのようなものだ」と思い込む。

しかし、ひとたび〝目に見えない世界〟もみずからの存在世界であることを知ったならば、言葉もまた、いのちをもったものとして再生しうる。

響子が「言葉を忘れる」ことをとおして行おうとしたのは、このようなプロセスだったのだろう。そうであるならば、この旅の帰り道で彼女が、衝き動かされるように「表層を超えたコミュニケーションの可能性」へ向けて行動したのは、「限界性を超えて言葉を再生させる」試みだったともいえるだろう。絵Ⅶ・Ⅷにおいて彼女が、イメージそのものと触れるような言葉で語ったのは、「ここではじめて、言葉もまた再生できた」ということを意味しているのではないだろうか。

また、二つの絵に描かれている〈道〉は、これまでつながることができず二分されていたものがつながった、ということを象徴的に表現しているように思われるが、この字が〝道《い》う〟の意をもつことは興味深い。

不二はこの中に飛びこむことによって、はじめて体得せられ、体取せられ、道取せられる。

〔鈴木大拙 前掲書〕

そこで生まれた言葉が、道うことのできる言葉となる。
道うことが、真の出会いに通じていく。

本章は「空しい私からリアルな私へ」『学生相談研究』二二巻三号を大幅に加筆修正したものである。

小川英晴『創世記』舷灯社　一九九三年
E・ノイマン『女性の深層』松代洋一・鎌田輝男訳　紀伊國屋書店　一九八〇年
寺沢薫「弥生人の心を描く」『日本の古代13』大林太良編　中央公論新社　一九九六年
小川環樹責任編集『老子　荘子』中央公論新社　一九七八年
益田勝美『古事記』岩波書店　一九八四年
M-L・フォン・フランツ『世界創造の神話』富山太佳夫訳　人文書院　一九九〇年
E・ノイマン『意識の起源史』林道義訳　紀伊國屋書店　一九八四・一九八五年
A・E・ファン・ヘネップ『通過儀礼』綾部恒雄・綾部裕子訳　弘文堂　一九九五年
岩田慶治「花の宇宙誌」『風景学と自分学』岩田慶治著作集8　講談社　一九九五年
鎌田東二『身体の宇宙誌』講談社　一九九四年
岩田慶治「人類学はどこまで宗教に近づけるか」『風景学と自分学』岩田慶治著作集8　講談社　一九九五年
谷川俊太郎『クレーの天使』パウル・クレー絵　講談社　二〇〇〇年
R・シュタイナー『色彩の本質』高橋巖訳　イザラ書房　一九八六年
上田閑照『私とは何か』岩波書店　二〇〇〇年
川田順三『音・ことば・人間』武満徹との共著　岩波書店　一九八〇年

井筒俊彦『意識と本質』岩波書店 一九九一年
鈴木大拙『東洋的な見方』新編 上田閑照編 岩波書店 一九九七年
D・N・スターン『乳児の対人世界』理論編 小此木啓吾・丸田俊彦監訳 岩崎学術出版社 一九八九年

深みを求めて

――照子の夢と覚醒

渦中にあっては、起こっていることのほんとうの意味が皆目わからず、ただ混乱のなかにあるように思えていたのが、しばらくたってから、その時期が自分の人生における大きな分岐点となっていたことに気づくことがある。

混乱というものは、いろいろなかたちでやってくる。病いであったり、出来事であったり、なんらかの疑問に突き当たって身動きできなくなることであったり、いずれにしろ、人はその体験のなかで、「これまでのようには生きられない」と感じる。以前なら自明であった日常的な世界の諸価値が揺らぐ。

揺らぎの時に

それは照子《てるこ》にも訪れた。――四十代はじめの彼女の内的体験を深く伝える、二つの夢がある（ともに夢分析〔後述〕のなかで見た夢である）。

夢― 進退窮まったカバワニ

バレーボールのパスを二人で組んで練習するためのコートがたくさんあるところ。わたしははじめ、ひとりでボールで遊んでいるが、『コートが一つ空いたので練習しよう』と姉を誘う。〔しばらく練習していたが〕やがてわたしの持っていたボールが、コートを越えて転がってゆき、河原のほうへ行ってしまった。

そこにいた、ワニかカバが、ボールをくわえて呑み込もうとするが、呑み込めない。アゴがはずれてしまって、出すこともできない。口を大きくあけたままボールをくわえているカバワニを、わたしたちはコートのほうまで引っぱってきて、姉がボールを取り出そうとするが、うまくゆかない。『母ならうまく取り出せるだろう』と言いながら、ふたりで母を呼びに行く。

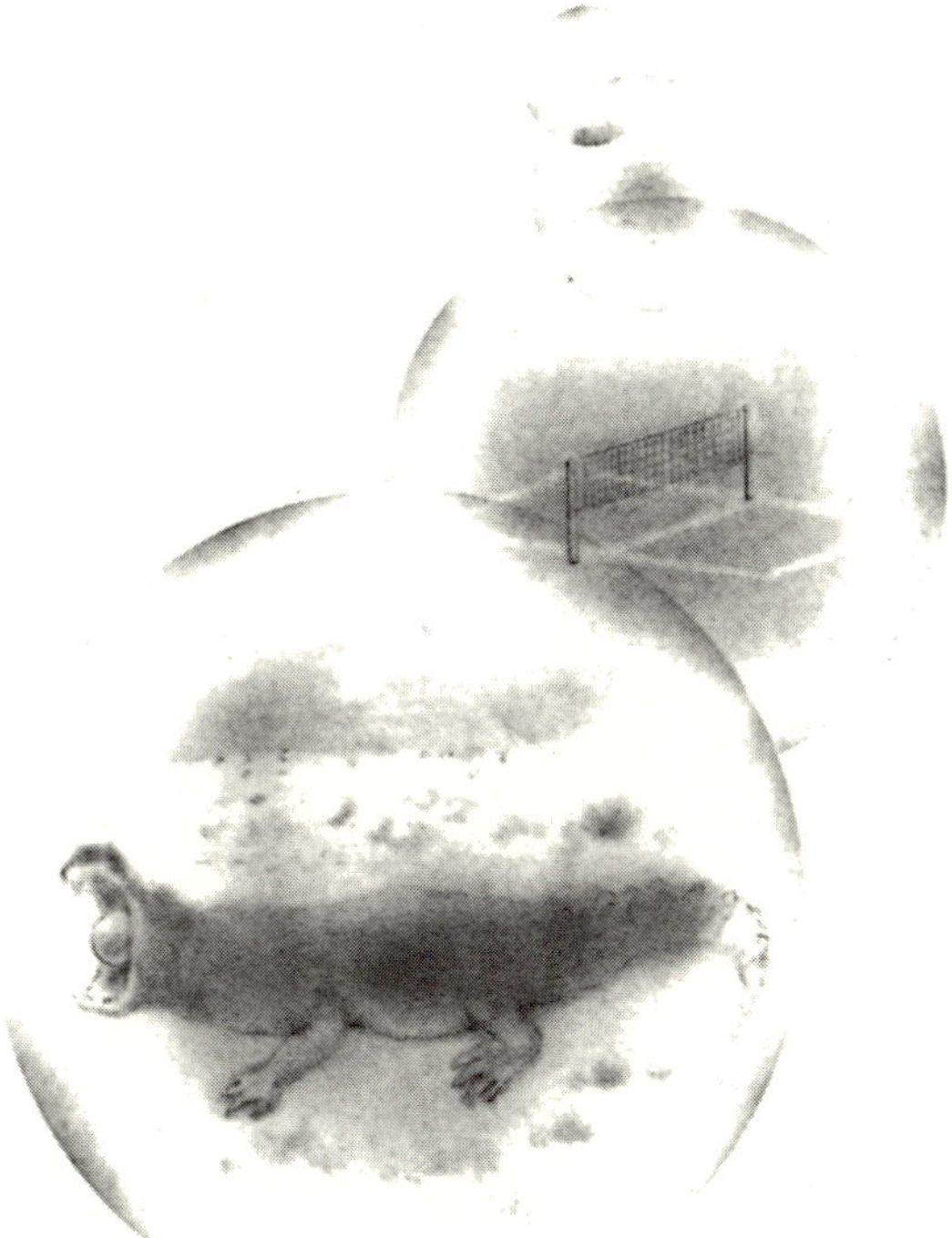

夢の始まりの部分は、言葉をとおして考えたり（ボールのひとり遊び）、コミュニケーションをとったり（姉とのボールのやりとり）するといった、これまでの照子が自明のことのように生きてきた日常世界である。コートは白線でいくつかに区切られている。あらゆるものが区分けされ、境界線を引かれ、人が決めたルールや約束事がはっきりしている世界——それは〈意識〉の領域を象徴する。

ところがボールが河原の方へ転がっていって、そこにいたカバワニの口に入り込んでしまった。姉妹の力ではそのボールを取り出せないというのは、照子が陥った状況を端的に表している。つまりこれは、表層の〈意識〉の次元での言葉による思考・コミュニケーションをまったく疑うことなく（あるいは、それ以外の場があることにまったく思い及ばず）生きていた状況が、いまやすっかり揺らいでしまったことを表現している。

そうした状況を「まったく身動きのとれない状態」として生身の照子が体験したのは、意識＝言葉の次元と、カバワニに象徴される彼女のなかの〈原初の本能領域〉が、ドラスティックなかたちで最初の接触をせざるをえなかったことによるのだろう。カバワニにしてみれば、ボールが口につかえてアゴがはずれてしまい、どうしようもなくなっている。ボール（言葉）もまたカバワニの口の中にあって、脱出不可能。本来の機能を発揮することができない。

双方の苦境をなんとかしようと、〈意識〉領域の住人である照子と姉は、住み慣れた領域であるコートのほうへとカバワニを無理やり引っ張っていって、ボールを取り出そうとする。ところが、どうしても取り出せない。自力に頼って意識を優先させるという従来のやりかたではこの苦境を脱することはできないのだ。彼女に訪れたのはこのような事態であった。

この〈表層の言葉によるコミュニケーションの世界〉からいったん離脱せざるをえない状態と、つぎの夢が描出している世界とは、照子のこれまでの人生の歩みのなかで深く結びついている。

夢2　羽根をもぎとられた瀕死のダントン

ギリシャ神殿の跡のようなところで、その場にふさわしい宗教的な雰囲気をもつ男性が立って話をしており、わたしたち十数人が、周りを囲んで坐って聴いている。その男性はときおり前方〔わたしにとっては後方〕に鋭い視線を投げていたが、ついにそのほうへ歩み寄る。

わたしがそちらを振り向くと、一人の人物のたくましい右腕がかすかに動いているのが眼に映った。腕のほかは菰のようなものに覆われている。歩み寄った男性はピストルをかまえて、その人物のかぶった菰を引き剝がした。ギリシャ彫刻の男性像のような男の人がうずくまっている後ろ姿が見える。背中には、羽根をもぎ取られた痕のようになっているところがある。その人は瀕死なので、宗教的な男性はピストルをしまい、彼を抱きかかえる。

「瀕死の男性はダントンだ」とわたしにはわかった。


自由・平等・博愛をスローガンとして掲げるフランス革命の指導者ダントンが、自由と解放の象徴である羽根をもぎ取られて瀕死であること、そして、苦しむ魂の救済を担うはずの宗教家もまた、他者抑圧の象徴であるピストルを隠し持っていることからすると、このふたりともが「みずからの正義／他者の不正義」という争いの世界の住人である、と夢が語っているというふうに考えられよう。

そういう世界が照子のなかで崩れかけているということは、じつは、言葉世界のゆらぎと同じ事柄、その表裏なのである。

彼女はこれまでの人生のなかでも、〝人と人とがほんとうに出会えるのはどこか〟というテーマを抱えてきた。あるいは「そのように人と出会いたい」という願望を深く抱いて生きてきたともいえる（自由・平等・博愛という理念の実現によってそれが可能になると考えていた）。そして彼女はその理想を意識のレベル・意志による努力のレベルで追い求めた（もちろん現実の社

会にそれとは対極的な不自由・不平等・エゴイズムが蔓延していたからこそなのだが)。他にも道があるかもしれないことなど、見当さえつかなかった。

自由・平等・博愛という理念を〈言葉〉をとおして伝えることができる世界。こうした理念を現実のものにしてゆくための意志による努力。——けれどほんとうにそうなのだろうか。歴史をひもといても現在をながめても、意識レベルのみでの理想の追求が、それとは裏腹の醜悪な現実を生みだしてしまう、という逆説的な事態に満ちあふれてはいまいか。

内的にせよ、外的にせよ、一つの正義・理想が、その掲げられた理想の美しさとは裏腹に、目を覆いたくなるような醜悪な現実を生み出した例を、私たちはあまりにも多く見てしまった。それらはたまたま起こった事だろうか。それらを担った人間がたまたま弱かったり歪みをもっていたからだろうか。現実の世に理想郷が実現することが瞬時たりともなかったとはいえないにしても それはいつの間にか変質してしまっている。そんな例もまた、私たちはあまりにも多く見てしまった。

気づいていないにせよ、照子の内部にもその〝闇〟は潜んでいるのかも知れない

内的であれ外的であれ、〈解放〉を夢見、そのことに情熱を注ぐためには、私たちは〝人間存在の根源につながる深み〟において、この問いに答えることができねばならないだろう、

「解放への試みがなぜ虐殺を生み、暴力、抑圧につながり、差別を拡大してしまうことがあるのか」——救済への願いもしばしば、同じような道を歩んだ。

そしてあらゆる意味において、世界の危機はますます深化しつつある。「地球は生き延びられるだろうか……」と、多くの人が不安を抱いている。絶望以外に私たちの未来はないのだろうか？　それとも脱出口はあるのだろうか？　もしそれがあるとしても、これまでの解放の試み、救済への願いの多くがはまった陥穽を免れ得ているのだろうか？

照子はこうした大きな疑問の渦に巻き込まれ、語るべき言葉を失った。彼女はその当時、社会学の教員をしていた（そこでの関心事は、先の問いと重なったものだった）のだが、ここで「大きな揺れ」に見舞われた以上、従来どおり〈言葉〉を生業《なりわい》とする仕事を続けることはできない。——照子は十数年続けた仕事から離脱した。

余生感覚のなかで

〈言葉世界〉の住人であったこれまでのありかたが崩壊して、いま照子は零地点に立ったわけだが、すぐになにかが動きはじめるわけではない。しばらくのあいだ彼女は〝余生感覚〟とでもいうような状態のなかをさまよっていた――「この世でのわたしの生は、根本的なところではもう終わってしまったのだ」と。

けれど、やがてなにかが静かに動き出す。この時期に照子がおのずからそこに近づいていくようにして場として求めたのは、一つは、農の世界、もう一つは、この世で生きにくい思いをしている子どもたちとの出会いだった。

それまでの人生のなかで照子は、土に触れるという経験をほとんどしたことがなかった。けれどなぜかこのときは無性に「土」へ接近したい気がして、近くの休耕田を借り、畑を耕しはじめた。種をまき肥料をやるという〈人為〉が含まれているとしても、その種が発芽し、生育していくのは人為の介在しようのない〈自然〉のはたらき……。芽が出たとたんに椋鳥がその芽をついばんでしまうのも、作物をイノシシが食べてしまうのも、自然の成り行き……。

この時期にそうした世界に接近した意味を、照子はある時期まで、「疲れたこころを自然とのふれあいのなかで癒されようとしたのだろう」と考えていたのだが、ある本を読んでからというもの、そこにはもうすこし深い意味があったのかもしれないと思うようになった。〔西岡常一『木のいのち 木の心』〕

――宮大工の西岡は、小学校を卒業すると師匠であるおじいさんから農学校に行くように言われた。父親は『これからの大工は設計も製図もみんなせないかんさかい、工業学校がよろしいとおもいます』と言うのだが、おじいさんは『いやあ、工業学校はあかん。農学校がええ』と言ってきかない。なんでやろな、と思いながら彼は農学校に行き、三年後に卒業してからも『おじいさんが私に一反半の耕地をくれまして、習ったことをやってみいというんですな。それで一、二年ほど農業をさせられました。ここからしっかり宮大工として修行が始まりましたんやな』――そして彼は気づいてゆく。

やっぱりたった一本の木でも、それがどんなふうにして種が播かれ、時期が来て仲間と競争して大きくなった、そこはどんな山やったんやろ、風は強かったやろか、お日さんはどっちから当たったんやろ、私ならそんなこと考えますもんな。

それで、その木の生きてきた環境、その木のもっている特質を生かしてやらな、たとえ名材といえども無駄になってしまいますわ。ちょっとした気配りのなさがこれまで生きてきた木の命を無駄にしてしまうことになるんやから、われわれは十分に考えなりませんわ。こういうことは農学校を出て、一、二年百姓をやらされて初めてわかりましたな。……それに自然には、急ぐとか早道みたいなもんはないですからな。春に植えた稲は秋まで育てんと実がつきませんがな。人間がいくら急かしても焦っても、自然の時の流れは早うなりませんのでな。……まあ、こんな時代ですが、ちゃんとした仕事をしようと思ったら自然のことを忘れたらあきませんわ。どんなにしても人間は自然から逃げられませんし、その自然のなかでは木や草とそんなに変わらしませんのやから。

これまでの人間中心の発想、〈わたし〉からの一方的な視点、そういった立場から自由になっていくプロセスとして、この経験は照子にとって大切なものだったのだろう。とてもささやかなものであったけれど、それは彼女にとっての農学校であったにちがいない。

また、この世で生きにくい思いをしている少年少女たちとの出会いも、照子がそれまで経験したことのないような新しい世界を開いた。

かれらは日常的な現実世界が拠りどころとしている価値観によって、さまざまなレッテルを貼られ、その世界の住人たちの期待や失望の眼差しにさらされるなかで、深く傷ついていたのだが、照子はときに、かれらの奥深くに潜む〝ほんとうのこころ〟とふれあうことができた。

外的価値基準からいっさい自由なところ（その時点の立脚点を完全な零地点とはとてもいえないだろうが）での、ひとりの人と、向き合うもうひとりの人との魂の交流は、彼女がかつて求めつづけながらも実感しえなかった「出会うことの内実」を感じさせた（真魚《まお》との出会いがそうであったように、その世界が〈言葉〉の次元にまで浮かび上がってくることもあったが、かれらとの出会いのすべてにおいて圧倒的に大切だったのは、〈言葉以前〉の次元だった）。

かれらと出会うことによって、すこしずつ照子のなかでなにかが動きはじめた。しかし、意識の表層を越えて〝より深い世界〟がありそうなことは感じられのだが、それがどのようなものかは、まだよくわからない。もちろん、どうすればそこに近づいていくことができるのかもわからない。つまりこの時期の照子は、ほんとうは本源的な「その場」にすでに立っていたのだが、そのことに気づいていない。そのことを自覚できていない。きっと、そういうところにいたのだろう。

このような迷いのなかにありながらも、そして、いま真魚《まお》たちとのあいだで体験していることが何であるかをはっきりとつかめないとしても、照子には「人は表層の次元を超えて出会うことができたとき、その場を共有する人間の生きることの核心部分で、なにかが大きく動く」という実感はあった。また、「それこそが、人が生きてゆくことのなかでとても大切ななにかだ」とも確信できた。こうしたことをかれらは教えてくれたのである。

そうしたなかで、いつしか照子のなかに「セラピストになりたい」という思いが芽生えてきて、彼女は臨床心理学への道を歩みはじめた。そして、夢のイメージをとおして見たような、みずからの内部に存在する〝問い〟への答えを探すためにも、ユング派の分析家を同行者として夢分析の作業を行うことになる。〈内部の他者＝無意識〉からメッセージを受けとり、《内なるこころ》と出会って行くために、彼女はそれからの約二年半のあいだ、みずからの夢とつきあっていった。

内部の他者との出会い

〈意識〉の領域内に留まっていてはとうてい解けないと思われる難問を解く鍵を、〈無意識〉の奥底にある〝深い知恵〟は照子に指し示した。

知恵に満ちたメッセージが送られてくる。それを意識が受け取ることができたとき、夢はさらに深い世界へと彼女を導いていった。

照子が陥った苦境は、さきの二つの夢のイメージをとおして垣間みられた。ところが夢1は、カバワニにくわえられたまま取り出すことができないボールを「母ならうまく取り出せるだろう」と、姉妹ふたりで母を呼びに行くところで終わっている。おそらく夢が「苦境を脱する知恵を母は持っている」と告げたのであろう（照子の一連の夢に登場する母は、夢分析の流れのなかで、またそれ以降もずっと、彼女の《スピリチュアル・ガイド》としての役割を果たすことになる）。

夢2も、これだけを取り出すと、絶望的状況を指し示しているだけのようにも思われるが、じつはその翌日に見た、雪山での再生儀礼の夢〔夢3〕と対になっている。この二つの夢は、照子のこれまでと、いま-ここで内的に体験している境位との対比、つまり、照子の内部の深いところで生じている、「従来の態度からの離脱→新しい生の様式の誕生」という変容過程を告げていると思われる。

彼女は当時の夢分析をとおした自己実現プロセスの記録を、夢ノートをもとに一冊の書物〔鈴鹿照子『二十四の夢物語』〕として発表しているのだが、ここでは、〝問い〟に誘われて旅をしてゆくなかで姉妹がどのように答えと巡り会っていったか、というテーマに焦点を当てて考えてみたいと思う。

夢3　旅立ち

姉が重い病いにかかった子を抱えて、周囲からすっかり疎外されてしまうようなことがあったらしく、どうすればよいかを遠い所まで聞きに行かなければならなくなっている。出て行こうとしている姉に、母が『死ぬんじゃないよ』と声をかける。わたしは『いっしょに行く』と言い、旅に必要なものを、かなりの時間をかけてあれこれと探す。姉はその子を背負って、わたしと三人で、周りになにもない荒涼とした広い道を、はるか彼方まで、答えを探しに歩いて行く。

典型的な〝イニシエーションの旅〟の始まりで、「苦境に陥ったカバワニ状態からいかに脱するか」という夢2のテーマを引き継いでいる。

ここに登場している姉も、姉の子も、母も、照子のなかのある側面を表しているのだろうが、子どもが重い病いにかかっているのは、ボールとカバワニの最初の出会いの、いいかえれば意識と無意識の初めての接触の、スムーズでない様子を表しているのだろう。あるいはそれ以前の、意識が無意識的なものとまったく触れあえていなかった状態をも表しているのかもしれ

ない。要するに〈内的に分裂している自己〉を表している。

また、周囲から疎外されているというのは、これまで自明の日常であった場から離脱を余儀なくされた状況を示しており、照子の場合それは内的にも外的にも起こった（現実の場では、彼女はそれまでの大学教員としての仕事を辞めた）。

夢2は照子たち姉妹が、カバワニの口からボールを取り出すにはどうすればよいかを聞くため、母を呼びに行くところで終わっていたが、この夢3では母が、ふたりの旅立ちを見送って、『死ぬんじゃないよ』と声をかける。

ということは、おそらく夢は照子に、「苦境に陥ったカバワニ状態から脱するためには（病いの子が癒えるためには）、自分たち自身が遠くへ旅立たなければならない」「自分たちが実際に旅をすることによってのみ、その経験をとおしてのみ、答えを見つけることができる」ということを告げたのだろう。

『死ぬんじゃないよ』と声をかけられたことからは、この旅には危険が伴うこと、これから〝死と再生のイニシエーションの旅〟が始まることが伝わってくる。とすればこの言葉は、「旅を終えたら、生まれ変わってもういちど家に帰っておいで」というメッセージとも受けとれる。

夢4　雪山での死と再生

雪山の中腹でふたりの女性が倒れている。そのうちの赤ん坊を抱いたまま倒れている女性を、ひとりの女性が手当している。わたしはそばを通りかかり、『赤ちゃんを抱きましょう』と言う。その人は、怪我をしている女性と赤ん坊を結びつけている紐を解き、赤ん坊をわたしに委ねる。赤ん坊はとても元気で傷ついてもおらず、わたしに微笑みかける。

旅立ちの夢3から約六箇月後のことである。

「二人の女性が倒れている」のは、旅を続けてきて雪山の中腹にたどり着いた照子ら姉妹の〈死〉を象徴している。じつはこの間に「妹が怪我をした」という夢も見ているから、その要素も複合しているのだろうが、いずれにせよ、これまでのような意識の表層の世界でのみ生きようとしていたありようの死である。夢1でも姉妹は〈言葉世界 - 意識世界〉の住人を象徴していたが、そのようなありかたが、いま死んでゆく。そして姉妹は、怪我をしている人を手当てする女性、赤ん坊を預かる照子として、〈癒し - 養う者〉として再生する。

旅の初めには病んでいた子どもが、いま、元気な赤ん坊として甦るのだが、この《甦り》が

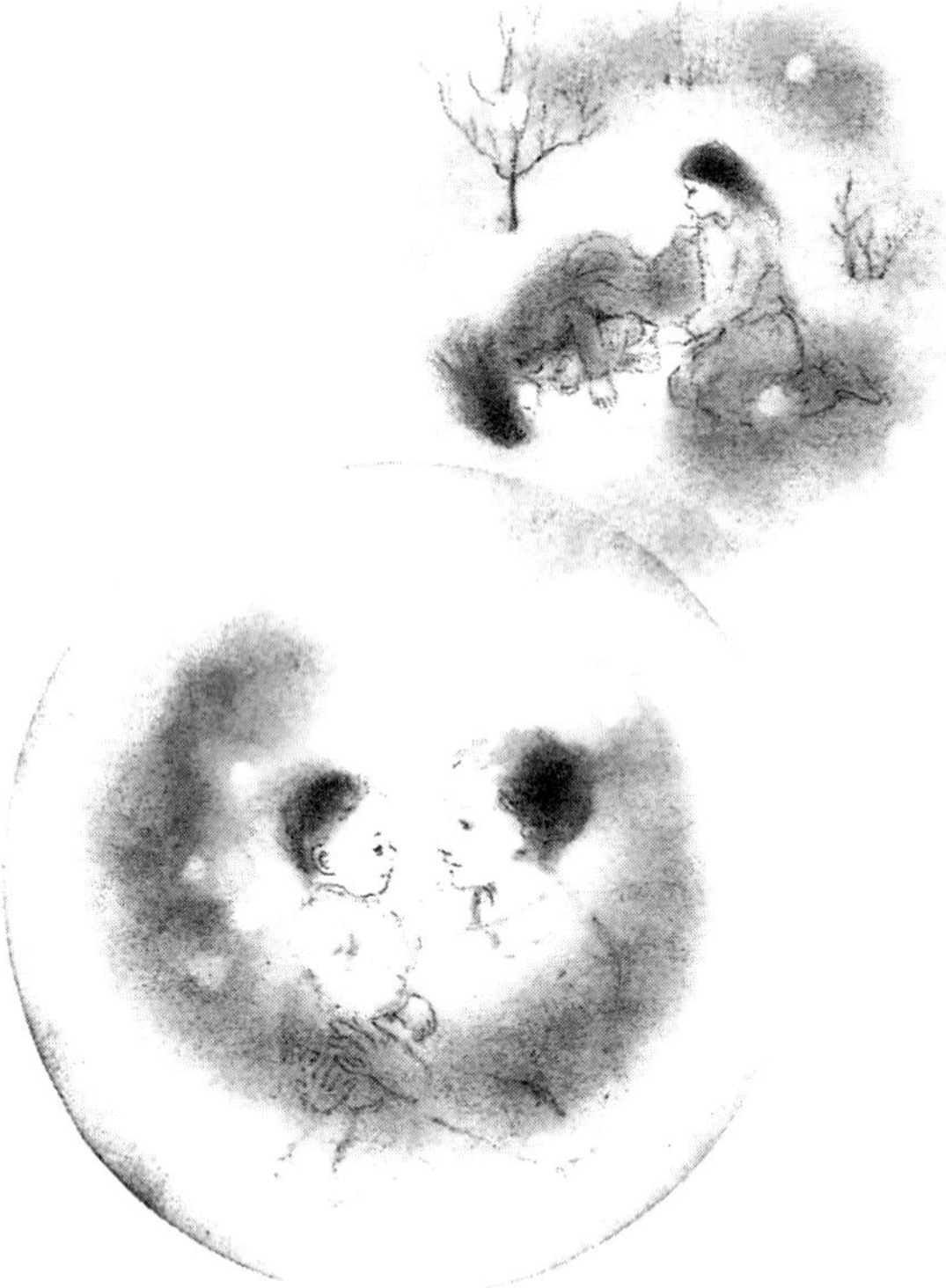

可能になるためには、ひとつの儀式的行為が必要であった。それは、赤ん坊と倒れている女性を結びつけている紐を解くこと（イニシエーションにおける「分離儀礼」と考えることもできよう）。つまり、世俗の絆からいったん解き放たれることを意味している。子どもを、表層世界でのみ生きる姉から解き放った。そのとき、子どもの病いは癒えた。この解き放たれた赤ん坊を抱くという行為には、《言葉以前の自然存在》と彼女の〈自我〉が接触をもつことができた（進退窮まるカバワニのようにではなく）という意味も含まれているかもしれない。――それを証すかのように、赤ん坊は彼女に微笑みかける。彼女と赤ん坊の関係はとても調和的だ。

それでは、この再生儀礼はなぜ「雪山の中腹」で行われているのだろう。

呪力の獲得、更新のイニシエーション的秘儀は、思春期儀礼や秘儀結社の加入式にも例外なく見られる「死と復活」のモチーフを伴っている。だからかかる秘儀が山において行われるということは、すでに山そのものに一面、「死」、「死霊」、そして「他界」の結合観念とともに、他面、「誕生」、「再生」、「復活」の母胎としての観念、そしてさらにかかる力の源泉としての生命賦与者のパンテオンとしての Cosmic Mountain または Mother Mountain の観念がもたれていることを示しているように思われる。〔堀一郎『民間信仰史の諸問題』〕

いかなる他の自然界の物象にもまして、山はしばしば「太母」を表した。〔……〕雪に蔽われた乳房の形をした山々は、恵み深い女神のもたらす「救い」(食物)の根源〔……〕、女神の乳とは、〔……〕氷河が融けて豊かになった流れのことであった。〔ウォーカー『神話・伝承事典』〕

ということは、雪の山中での変容は、太母の胎内で新たな生命として再生したことを意味しているとも考えられるだろう。また、照子がここで体験した〝子どもを抱えた姉妹二人の旅〟そして〝太母の体内への復帰〟というテーマは、今日でもオーストラリアのアーンヘム・ランドと北部州の中西部で行われているという若者のイニシエーション儀礼とも重なっている。

クナピピの儀礼目的は、二重である。すなわち若者の加入と宇宙的生命と普遍的豊饒を確実にするエネルギーを更新することである。この更新は原始の神話を再現することで得られる。超自然者の持っている聖なる力は、太古の「夢の世」に行われたわざを再現することで譲与される。〔……〕「夢の世」に二人のワゥワラク姉妹神(Wauwalak Sisters)は北の方へ出発する。姉は赤ん坊を生んだばかりの時であった。長い旅のあと二人は泉の傍にとどまり、小屋を建てて、火をたき、ある動物を料理しようとした。〔エリアーデ『生と再生』〕

動物は泉に飛び込んで逃げ、大蛇神ジュルンググルが「あと産」の血の匂いに誘われて、

地下の住処からあらわれ、前頭をものすごく持ち上げ〔……〕小屋の方へと這っていった。〔……〕ついに蛇神は二人の姉妹と子供が避難している小屋中に唾を吐きかけてのみこみ、その全身を直立させ、頭を空に向けた。やがて彼は二人の姉妹と子供を吐き出した。白蟻にかまれて彼女らは意識をとり戻した。（同書）

しかし蛇神はもう一度彼女らを永久に呑み込んでしまう。この夢の世の神話を再現するクナピピ祭儀のなかでは、呑み込まれる儀礼も行われるが、それは、

一方で修練者（ノヴィス）は二人の姉妹に同一視されて、蛇にのみこまれてしまうと想像され、しかも他方、聖地に入ることによって、象徴的に原初の大母神の体内に帰り入るとされる。〔……〕彼らは太初の世にあたっておこったように母神の胎内、輪を描いた場所へと入ってゆく。この儀礼が完了したとき、母神は彼らを胎外に出す。（同書）

輪を描いた場所が象徴的に母神の胎内を表すように、照子の夢に現れた雪山の中腹も、母の胎内を象徴している。

けれどなぜ、はるか昔から続くイニシエーション儀礼と、その意味も様式もまったく知らない彼女の夢に、同じテーマが現れるのだろうか。

それはひょっとすると、現代という時代がイニシエーションを消滅させてしまったとはいえ、人のこころの奥深くにはより深く「自分自身でありたい」という欲求が眠っているからではないだろうか。また、近・現代が要請する〈表層の意識レベル〉のみを基盤としていては全体的な生きかたができないことを〝内部の知恵〟は知っているからではないだろうか。そして、「引き裂かれた存在から甦りたい」という欲求が、失われることなく深奥のところで息づいているからではないだろうか。

「生命の大きな流れのなかで生まれること、死ぬこと」「癒すこと、養い育てること」「生きとし生けるものの生命が、かけがえのないものとして、ありのままに受け容れられること」――雪山のイニシエーションの夢は、そのような〝いのちの世界〟へ照子を導いた。

そして、「そうした人間のありようや世界のありようを核に据えないかぎり、たとえどのような理想が語られようとも、争いの世はけっして止むことがない」――羽根をもぎとられた瀕死のダントンの夢と、日をあけず対となって現れた雪山での再生の夢は、こうしたことを伝えている。

《生命のリアリティ》と結びつかない抽象的理念は、たとえどんなに美しい言葉で語られようとも、いつしか普遍性を失った「わたしの正義」に転落し、その自覚せざるエゴイズムは絶えざる争いを繰り返す。他者は容易に「敵」に転化する。

ところで、病んだ赤ん坊が元気に再生することの意味は、もちろん、照子のこれまでのありよう（その結果としてのカバワニ状態）と、そこからの解放を示してはいるのだろうが、ここでみたような観点と併せてとらえるなら、そこにはもうすこし普遍的な意味も含まれていると考えられる。

照子も当初は、自分の身動きのとれなくなってしまった状態は彼女個人に属するテーマだと思っていたのだが、やがてそれが、人が生きるということ、とりわけ現代人が生きるということと深く関わる課題であることを知る。

すなわち「言葉とはなにか？」「人はなぜ争いの世界から脱することができていないのか？」という課題である。――それは人類にとって最も大きなテーマであるといってよい。

ある戸惑い……

夢は、現実の具象的な物や事柄をとおして、そのイメージを借りて、こころのなかの世界を表すことがよくある。照子の夢が「子どもが重い病いにかかり、それが癒える」というプロセスによって伝えようとしていることも、実際の病い、その治癒という現実的な事柄を表しているのではない。

二元的な〈表層の意識世界〉でのみ生きようとするとき、人はけっして自分自身であることができないし、他者とほんとうに出会うこともできない。そして自我のとらわれのなかに生き、自我の色眼鏡をかけて他者や物を見ようとするとき、そこには他者との、物との《リアルな触れあい》はない。

照子の夢では、そのような内的なこころのありようが「病い」と表現されている。そして、そのような引き裂かれた状態を脱して、より自由なこころで、それぞれの存在がありのままに、たがいに妨げあうことなく出会えるような状態が「癒えること」と表現されているのである。それは、とても深く豊かな内的世界の生成を伝えている。

しかしここである戸惑いが生ずる。

人は昔から病気にならないよう、また、病気になれば治すことを考えてきました。そのことに何の疑問をもたず、病気になれば当然のように治療し、元の生活に戻れることを望み、医師も研究者もそれに応えるべく精進してきました。

その結果、治すことが最大の目的となった医療から、人が必ず迎える「死」は追い出され、蓋をされてきました。そして医療技術は飛躍的に進み、治療効果が上がれば上がるほど、治らない病気や障害に対して人は怯え、否定的になっていきました。

どうして病気や障害とうまく付き合う方法や精神的ケアが医療の中でないがしろのされてきたのでしょう。それは、なにより健康に生まれ働き、経済を支えることを求めてきた社会に対して、医療が応えて来た結果なのではないでしょうか。その中からは「治らなくても病気と付き合う」とか「死を受け入れる」とか「出来なくてもいい」という発想は生まれるはずがありません。

〔……〕出生前診断などあるとは知らずに、ダウン症の子どもを授かったことを幸せに思い、子どもとの生活を楽しんでいる私には、この速さで進んでいく科学技術の人への応用が人類だけでなく、すべての生き物の未来を明るくするとはとても思えないのです。生き物すべて、この自然界の中で多様に変化しながら、営々と「命」をつないできたのです。人とて自然界の中の一つの生命体にすぎないのです。

まるで人が特別な生き物ででもあるかのように、人の手で命を選別したり遺伝子を操作することを、大きな自然という生命体が受け入れてくれるでしょうか。あるがままを受け入れて付き合っていく知恵と力をつけることを、早急に考えなければ、ひとはとても悲しい結末を迎えそうな気がするのです。〔佐々木和子「生まれようとする命を選別しないで」〕

お互いのあるがままを受け容れあう関係性のなかで、人ははじめて他者と、表層においてではなくほんとうに出会える。そしてそのなかで、人は〝ほんとうのわたし〟にも近づいていくことができる。ただしそれは、病いが癒えるということを、それだけが唯一の肯定的な方向性であるかのようとらえる考えかたからは出てこない。

病いが癒えるというイメージによって夢が伝えようとする世界の豊かさと、現実世界のなかで治すという視点のみを推し進めようとするときに含まれてしまう否定的側面、その落差をどのように考えればよいのだろうか？　というのが照子の戸惑いのもとだった。

ここに意味深い夢がある。

Aさんは最近カウンセラーとして一人立ちした、筋ジストロフィーという病いをもって生きる四十代の女性で、私とは数年間、自己探求とカウンセリングの勉強のために共同作業をしてきた。そのなかで彼女が見た夢である。

ある女性の快気祝いの集まりに招待されてその家に来る。わたしも病いが治癒し、このまえ内輪でお祝いをしてもらった。偶然だけれど、わたしとこの女性は、倒れたのも同じ日だった。

夢に現れた女性は私のイメージと重なるそうだ。私たちはともに病み、ともに癒えたと夢は伝えているのだが、じつはそのすこしまえに彼女はこのような夢を見ている――

水族館に行ってクジラに出会い、いつの間にかわたしはクジラのこころになって海中を自由に泳ぎ回る。クジラが、自分のこころをわかってくれたと喜んで後を追ってくる。そのクジラの顔をぽんぽんとたたいてやる。

そのとき彼女は、『自分の軸が変化してきているように思う。障害のあるわたしをそのまま受け容れはじめている』と語った。

こうしたこころの状態を、彼女の夢は「治癒」と表現している。また、プロセスをともに歩んだ私も、同じときに倒れ、そして彼女とあい前後して治癒した。《共苦》の世界をも「病い」と表現し、「そこから脱してゆくプロセスのなかで二人のこころがともに癒されていったのだ」と夢が伝えたのだとすれば、そこに表されている世界はとても深い。

自分がクジラのこころになり、クジラは自分のこころをわかってくれたと喜ぶ、このような《自‐他のこころが自在に触れあう世界》の成立は、彼女が〝みずからのありのまま〟と出会えたところから生まれてきたのではないだろうか。

〈健康〉を唯一の価値基準とする強者の論理とは対極の《ありのままを認めあう豊かな世界》が彼女の夢には表現されているが、そういう世界がみずからの内部に生まれたことを表すために夢が借りてきた具象的な事柄は「快気祝い」だった。

内的世界は、「病い」を一方的にネガティブなものとするみかたには全くとらわれていない。逆に病いの「治癒」として夢が表現するのは、強者の論理とは対極的な《すべての存在がありのままに肯定される》内的世界の成立である。

このようなことを彼女の夢は教えてくれているのではないだろうか（しかし、それならなぜ夢はこのイメージを使うのだろうか？　そうした疑問はいまだ解けないが、ここではそのことを銘記するにとどめておこう）。

自己ならざるものへ

さて照子は、それからもさまざまな経験をしながら、長い旅の果てに、我が家へ帰り着く。旅立ちのときに『死ぬんじゃないよ』と母が見送ってくれた家だ。そこで照子は子どもを産むのだが、その夢が、旅の最終章となる。二年半の旅程であった。

ところで、実際の女性の〝イニシエーション〟プロセスでも、出産がその最終段階を意味することがある。

ある部族の成女式にはいくつかの階程がある。例えばヤオ（YAO）族では、イニシエーションは初潮に始まり、最初の妊娠の間にもくりかえされ、さらに念入りにされる。そして初生児の誕生をもって終結する。〔エリアーデ　前掲書〕

夢5　双子の出産

わたしの出産場面。自宅で母がついてくれている。

初めに生まれたのは赤い雨傘。それが壁に立てかけられているのを見て、自分が産んだのが傘だということがわかる。

それから『こんどは、こどもだ』と誰かが言っている声が聞こえ、わたしもすこし起き上がってそちらを見ると、静かな落ち着いた感じの赤ん坊の顔が見える。右頬に赤い印がついている。

わたしはすこし力をいれ、赤ん坊は生まれた。

なぜ照子は、傘と人間の赤ん坊を双子として産んだのだろう？

そこにはどのようなメッセージが含まれているのだろうか？

現実的な感覚からするとはなはだ突拍子のないこととしか思われないような夢である。ということはきっと意識から、遥か離れた内奥から、なにかが彼女に伝えられようとしているにちがいない。

傘は、太陽円盤ないし日輪を象徴し放射状の骨は陽光、中心の柄は〈宇宙軸〉である。傘はまた〔……〕〈宇宙樹〉の枝による庇護、をあらわす。〔……〕赤いしるしをつけたり赤く塗ったりすることは、生命の再生をあらわす。〔……〕白および黒といっしょになってイニシエーションの三段階をあらわす。神々はしばしば赤く描かれるが、この赤は超自然的な力、聖性、または太陽に属する力を示す。〔『世界シンボル辞典』〕

この夢は、宇宙と照子のつながりについてなにかを伝えようとしている。そのつながりのなかに身を置いて生きることが彼女にとっての再生なのだ、と語っているのだろう。つまり、仏教的な知恵「天地と我と同根、万物と我と一体」にあるような自己と世界のとらえかたが彼女の内部奥深いところにも存在しているのだ、と伝えているように思われる。そして、内部にあるというだけではなく、出産したということは、自己と宇宙の関係に対する新しい（彼女にとっては）、根源的な意識が誕生したということだろう〔鈴鹿照子　前掲書〕。

夢1では「母ならカバワニの口からボールを取り出すことができるだろう」という方向性を指し示された照子だが、それが結局、彼女自身が母となり出産するということにつながった。けれども、それがなぜ進退窮まるカバワニ状態に陥った彼女、病いの子を背負って旅立った彼女への答えといえるのだろうか。――ここではそうした視点を深めてみよう。そのためにも、このすこしまえに見た夢の意味を考えることから始めたい。

夢6　空円相

節目節目で道が二つに分かれていて、何回か「こっちの道を選ぼう」という選択をしているようである。その行為との関連で、知っている人や知らない人が登場。それが一枚の絵に描かれた絵物語のようになっていて、最後にまた初めに戻り、全体として円形になる。……わたしも、その絵物語のそれぞれに登場していて、もう一人のわたしが、少し離れたところからそれを見ている。そして「始まりと終わりがつながった」と思う。

彼女はこの情景を次のように説明している。

始まりのところから曲線が描かれてゆき節目節目のところで「あれか？ これか？」という選択肢が現れる。この節目の外側にはそれぞれ、これまでの人生のなかでの重要ないくつかの出来事や、すでに忘れてしまったような事柄を回想する形で、私を含めた何人かの人が登場し、私は

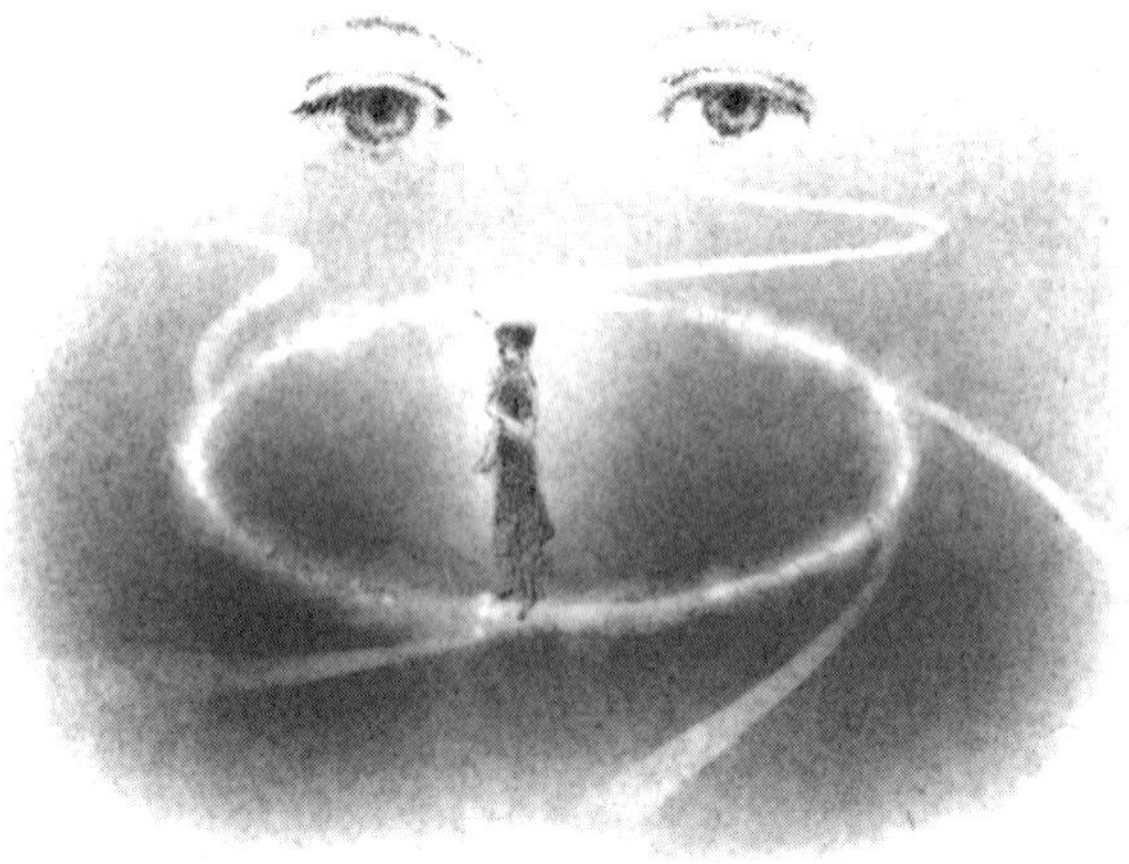

その選択肢の一方を選ぶ。するとそこからまた曲線が描かれてゆき、次の節目でふたたび出来事が回想され、そのなかで一方を選択する。そのようなことが何度か繰り返され、始まりが終わりにつながって、全体としてひとつの円になる。〔鈴鹿照子 前掲書〕

照子は当時、みずからの自己実現のプロセス、真の自己に近づいてゆくプロセスを、禅のテキストである十牛図〔以下の図版は京都相国寺蔵の伝周文筆「十牛図」〕を参考にしてとらえた。夢の深化過程が十牛図のプロセスと重なるようなかたちで進んでいったからである。ただし、それまで仏教的な思想とはおよそ無縁なところで生きてきた彼女が、事前にそのテキストを知っていたわけではない。自分の夢の意味するものは何だろう? と、古来の知恵からヒントを探しているうちに出会ったもののひとつだった。自分の力でこの深みに近づいていていくなどということはおよそ不可能で、彼女は先達に導かれながら夢のメッセージを受けとっていったのだった。

十牛図と言われるのは、求められる「真の自己」が自己実現の途上において牛の姿で表されているからである。〔上田閑照「十牛図」、以下括弧内は同著からの引用〕

第一図

第二図

第三図

第四図

第五図

第一図は【尋牛】――「彼は問いとしての自己を自分一人で引受けつつ、自分自身を尋ね求めるが、問題化した当の彼一人の力は尽き、自己に行きつまって途方に暮れる。このように自力に行きつまるというところまで含めて、自己が問いそのものになったのである」。夢1でいえば、前半の姉妹（としての照子）の力ではボールを取り出すことが出来なくなり「自力に行きつまる」ところまでだろう。

第二図【見跡】――やっとのことで牛の足跡を見つける。母ならうまくいくだろう、と呼びに行く後半が相当していようか。漠然とした方向性は見えてきており、答えを求めて旅に出た彼女の心境も見跡の境位にある。

そして第三図【見牛】‐第四図【得牛】‐第五図【牧牛】と続く。

見牛で、牛（心牛）はようやくその半身を現す。

得牛では、その牛に手綱をかけて引っ張っている。

牧牛に至ると、牛と手綱をひっぱる彼とのあいだの緊張がとけ「牛が彼に和み、自ら彼に従ってゆく」あるいは「彼が牛に和み、牛の行く方向を彼が自ら先立って歩む」――病いが癒えて微笑みかける赤ん坊を抱いて照子が旅を続けてゆく雪山の夢は、この境位を表しているように思われる。

第六図

第七図

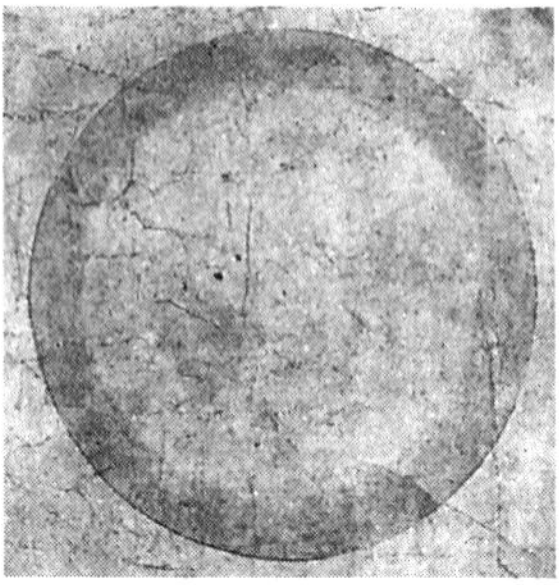
第八図

第九図

第十図

第六図【騎牛帰家】――笛を吹きながら牛の背に騎り、家路につく。ここで「自己の自己への関わりにおける分裂」が止む。
第七図【忘牛存牛】――「帰るべき本来の家郷、自己が真に自己であるその在処に現に帰着した境位」である（この第七図と、八‐九‐十図とのあいだには「決定的な非連続の飛躍」があり、そこで「自己の内在性が真に破り開かれる」）。
第八図【人牛倶忘】で、円のなかにまったくなにも描かれていない《空円》が現れる。それは「『真の自己』の真性と自己性との根源としてある決定的な意義をもっている」。なぜこの第八図が決定的な重要性をもつのだろう？――それは、いったん自なく他なきところ、自他未分のところを通らなければ、真の自己に近づくことも、他者とほんとうに出会うこともできないから。自分からの一方向的な眼差ししかもつことができないとき、そのエゴの色眼鏡は、真実を見ることを妨げ、〝リアルなありのままの世界〟に生きることを妨げるからである。
そのようにして自我のとらわれから自由になった「真の自己」のありようが、第八図‐第九図【返本還元】（自然と人間の関係）‐第十図【入鄽垂手】（人と人との関係）で表される「自己ならざる自己」の三つの局面である。これこそが真の自己なのだろう。《空円》（自己ならざるところ）を通らなければ真の自己ということはできないゆえんである。

そういうところにたどり着いたことを表しているのが、夢6の空円相ではないだろうか。人生上で遭遇したさまざまな出来事が画面上に現れ、そのひとつひとつの選択が円の動きのなかでつながっていくのは、「障害にぶつかって自己の枠が破られつつ枠を破り越えて新たに枠づけるという作らきとしての自己なのである。問題にぶつかってそれを解決するという運動が自己」だからであろう。

自己がもし、ものを避けて自己の枠に固執すると自閉的な空虚な自己内空転に堕す。また自己がもし、ものにぶつかって自己の枠が破られたままで、それに応じて自ら超え出つつ自己に還るという事ができなければ、自己喪失へと破綻する。自己から出られないのが自己固執の病であり、自己に還ることができないのが自己喪失の病である。それに対して、たえず二種の病の危険にありながら二重の突破によって自己から出て自己に還るその運動が真の自己の自由である。（同書）

それゆえこの空円転を「根源的自己」ということができる。しかるにこのような自己は、主体と客体が截然と分けられ自が他を対象としてしか見ることができない意識の世界＝言葉の世界のみに生きていたのでは、生まれてこない。これまで生きていた言葉の世界がいったん解体される必要があるのだ。

みずからの発すべき言葉が見あたらないという経験は、最初、照子にその意味を明かさないまま〝余生感覚〟をもたらしたが、この身動きできずにっちもさっちもいかなくないカバワニ状態は、どうしても通らなければならないプロセスであった。

やがて彼女には、それがけっして個人だけに属するテーマなのではなく、人が生きるということ、とりわけ現代人が直面している問題と深く関わっているのだということが、だんだんとわかってきた。

すなわち、それは始まりだったのだ。


夢のなかでもう一人の照子は空円転を見ながら、始めと終わりがつながった、と思う。言葉によってのみ成り立つ世界が崩壊する、問いのなかにみずからが投げ込まれてしまう、というその事態は、真の自己が誕生してゆく出発点だったのだ。では、そういう自己が生きる世界はどのようなものなのか？　——そのイメージは夢5に表されている。当初はぼんやりとしか見えなかったが、彼女にはだんだんと、さまざまなつながり（たとえば夢5と夢6の関連）が見えるようになってきた。

世界の根源的イメージ

無限の関係性の網の目のなかにあり、事と事が妨げあうことなく融けあっている世界を『華厳経』では事事無礙法界といっているが、それこそが「東洋思想の絶頂」〔鈴木大拙「霊性的日本の建設」〕であり、「東洋思想の精華」〔竹村牧男『ブッダの宇宙を語る』〕なのだといわれる。

じつは人は（人だけではなくすべての存在は）このような世界に住んでいるのだが、そのことになかなか気づかない。主／客が対立する二元世界のみに属していると思い込むとき（いいかえれば「自我が成立する以前の、自他未分離の、言語以前の見えざる世界がその背後にある」ということが体得されないかぎり）、自分がほんとうはどのような世界に住んでいるのかがわからない。——夢5はこの《世界の実相》を照子に伝えようとしているかに思われるのだが、そのことを先人とともに〔竹村牧男、以下「括弧」内は同書からの引用〕見てゆきたい。

ここで事といわれているのは変化していく世界であり、「しばしば特定のかけがえのない、一回きりの事象として独自の相貌を有したもの」と考えられる。それはたんなる客体的な世界ではなく、主体も関わって成り立つ主客相関の世界——物と心というようにはっきり二つに分けられない「心もかかわってひとつになっている」世界である。

その対極にあるのが物の世界。——物は固定的で、不変の存在であり、ひとつひとつが形をもっていて、それぞれ独立したものとして存在している。さらに、「物は心と相対していると考えられ、物を語るときはおのずから物‐心二元論（主‐客二元論）の枠組みの中にある」ことが予想される。

では、このどちらの世界が私たちにとってほんとうの世界なのだろうか。


私たちは絶えず時々刻々に変わっている世界に住んでいるわけで、そのほうが私たちの生に直接的、第一次的な世界だといえましょう。しかしながら、大体はいつも同じような姿を眼にするものですから、そこに変わらない物があると考えてしまいます。〔……〕本来事の世界のほうが私たちに直接的なのに、その事の世界を固定化し、数々の物の世界と見なすことによって私たちはその物を分析し、操作し、多大の益を得てきました。しかしその陰で、そのときその場にかけがえのない独自の個性を持つ事の豊かさや多彩な味わいを捨て去り、忘れてしまったのではないでしょうか。それは実は、一瞬一瞬に輝いている自己の生命の真実を見失ってしまっていることではないでしょうか。〔同書〕

この〝リアルな生命の世界〟を物化してゆくときに大きな役割を果たすのが〈言葉〉――それは恣意的な線引きをし、その事柄の他の側面を切り捨てて固定化する。眼や耳が過去や未来の色を見たり音を聞いたりすることがないように、五感には現在しかなく、したがって刻々変化していくものであるのに、「時々刻々変化していく五つの感覚が言語によって束ねられ、固定化されて物として認識されてしまう……。本来、生命の世界であるものが固定的で静止した世界にもなってしまう」。

言語世界（のみ）に住んでいては〝生命のリアリティ〟と出会うことができない。その出会いは《事》の世界でのみ可能なのだ。この観点からすれば当然のことながら、自己も《事》――つまり固定的実体ではない（だからこそ動きのなかで円をなしてゆく空円転〔夢6〕を〈自己〉ということができたのである）。

ここで照子の夢の旅に戻ると、傘が宇宙を象徴することがあるということから、夢5が「天地と我と同根」との世界観をイメージ的に言い表しているのだろう、ということは彼女も気づいている〔鈴鹿照子 前掲書〕のだが、そういう世界が開かれてくるためには、自己が狭く我に閉じこめられることなく、開かれていること、「自無く他無きところ」すなわち《空》を通り抜けていることが必要である。

そうしてみると夢5は、じつはもう一つの相「傘は傘のままで人間の赤ん坊と双子なのだ」という局面も示そうとしているのではないか、と思われる。照子が生んだ人間の赤ん坊はさしあたって〈我〉（の可能性）と考えてよいだろうから、この「傘と我は双子。傘は我であり、我は傘である」という一見わかりにくい夢のメッセージは、照子にどのような隠れた真実を伝えようとしているのだろうか。

元来、事は時間的にも、空間的にも個別・特殊であり、各々の特殊性の分限があるものと考えられます。しかし、事は決して「物」ではなく、実体的存在ではありません。〔……〕さらにまた、事は個々独立して成立するものではなく、他の事とのさまざまな関係（縁起）のもとに成立することでしょう。ということはある事は、他の事なしにはありえず、他の事あってのある事ということになります。こうして事は必ず多種多様な関係性の網の目の中で成立するものという側面もあります。このようにして、各々分限を守ると考えられる事も実は他の多くの事と実は一切の事と関係し、かつ本性を通じて融け会っていたのです。〔……〕

この世界では、事と事が相互に融け合っているのですから、たとえば松は竹であり、竹は松であるというような世界が広がっていることになります。海中の魚は天上の星であり、天上の星は山寺の柿の実だということにもなります。八つぁんは熊さんであり、熊さんは八つぁんであるということでもあり、あなたは私であって私はあなたであるということにもなります。

こうして、既成の分限にとらわれず、種々の事が真に交流し合い交響し合う生命の世界が眼前に開けてくるはずです。〔竹村牧男 前掲書〕

なるほどこのような世界では、傘は我であり、我は傘であり得る。

では、自己を含めてあらゆる《事》がこうした関係性のなかにあり、相互に自在に融合しあっているのなら、個々の存在の固有性は、そのなかに解消されてしまうのだろうか。

否、そうではなく、「およそあらゆるものは関係の中にあってそのものなのであり、その関係に対する十全なまなざしがあるとき、そのもの自身も関係の全体もともに生きてくる」「関係の中にあってはじめてかけがえのない個性も発揮できる」のである。そこでは、一体であると同時にそれぞれ固有のかけがえのなさをもっている、というように、二つの相が同時に成り立っている。そして全体のなかには部分が含まれ、部分のなかには全体が含まれる。

私たちの生きている世界、この宇宙そのものが、何者も欠くことができず、むだなものはなく、一つの全体を構成しているとき、その宇宙のどんなものにもその全体があることになります。一毛孔に全宇宙が具わり、一塵に全宇宙が宿るということになるわけです。しかもそうした一毛孔、一塵の各々が、宇宙全体を宿したまま、互いに無礙に交流し合っているわけです。〔同書〕

夢5の傘は、宇宙を表すと同時に、傘そのものでもある。人間の赤ん坊（自己を表すものとしての）と二重の意味をもつ傘が双子である、ということによって夢が示そうとしたのは、そういう事事無礙的な世界なのだろう。

空円は開かれていた

ここにきてようやく、真魚《まお》の伝えようとしたメッセージの意味が明かされる。
世界中の人と、魚としての私が、楽しそうに遊ぶ世界。
遊びのなかで雪が母になる世界。

このように見えてきた以上、夢6にも、先に考えたのとはすこし違った相が同時に含まれているのではないか、と思われてくる。

つまり、空円の図〔次頁〕における弧（曲線と点線で表される円周）について、照子は「あれかこれかという選択肢だろう」ととらえているが〔鈴鹿照子 前掲書〕、この外に向かっている線は、《無限》へと開かれていることをも表していて（円周なき円）、彼女が経験するそれぞれの出来事の渦中にあって「ほんとうはそれは無限に対しても開かれているのだよ」と、夢は伝えようとしたのではないだろうか。

そうだとすれば、彼女が人生において実際に体験した事柄のなかに、当事者とはいえない見知らぬ人々が登場しているのは、ひょっとすると個々の出来事において「見えている部分がすべてなのではないのだよ」「自己から世界を見るのではなく、世界から自己を見たときには、ひとつの事柄をとおしても無限の関係性が見えてくるはずだよ」ということが伝えられているのかもしれない。

物化された〈言葉（のみ）の世界〉を抜け出て、個々の〝いのち〟の世界に直接触れる《事》の世界と出会う。その個々のいのちが、おのおの固有のものでありながらも他の個と、

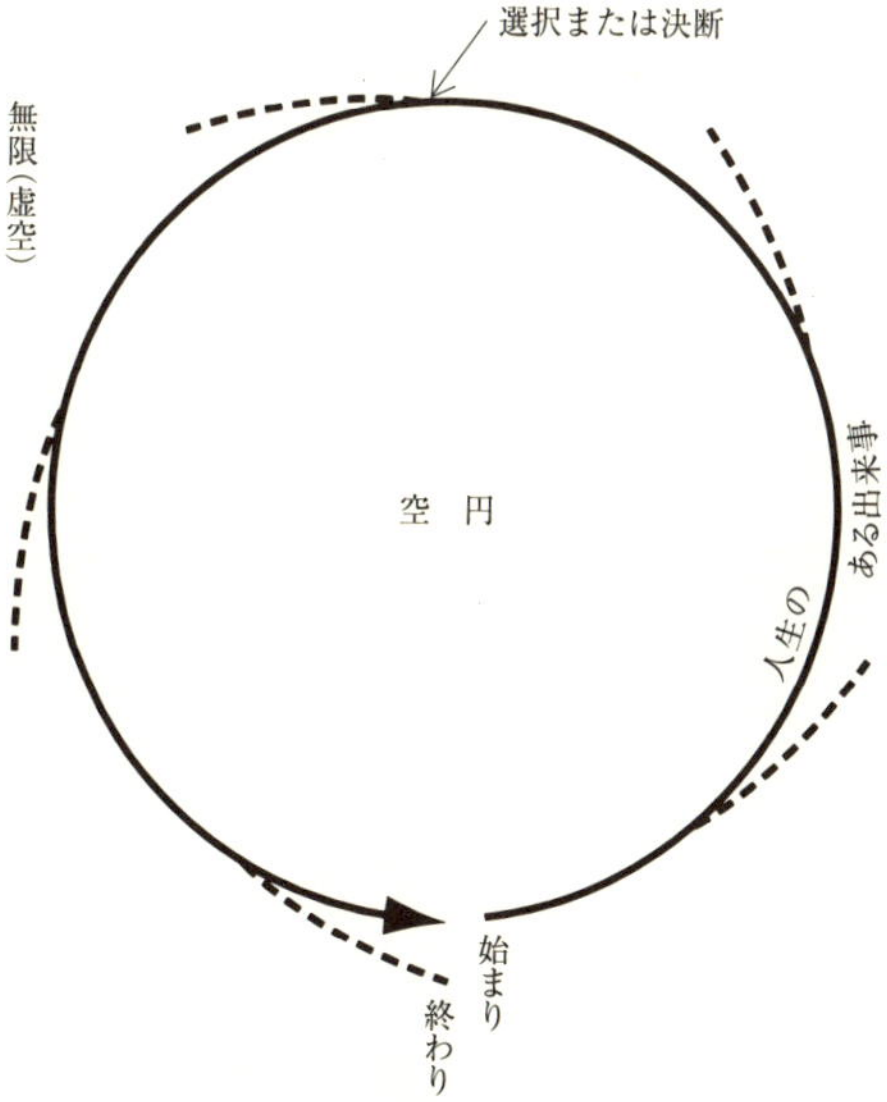
選択または決断
無限（虚空）
空　円
ある出来事
人生の
始まり
終わり

宇宙の一切と、妨げあうことなく融けあう。——そういう世界が照子のなかに生まれたのを、夢は「いのちの再生を表す赤い印をつけて赤子が生まれたこと」「赤子と傘が双子であること」をとおして彼女に伝えたのではないだろうか。

当初の苦境のなかで「母なら答えを知っているだろう」と夢は語ったが、照子が母のいる家に帰り、彼女自身が母になる（双子を産む）ことによって、その答えは与えられた。旅の始まりに病んでいた子……雪山で病いが癒えて生き生きと甦って彼女に微笑みかける赤ん坊……最終場面での赤い印をつけた新生児。——この「子どもの遡行」の形態はおそらく、照子のこころがだんだんと事態の核心に近づいていっている様をあらわしているのだろう。

西岡常一『木のいのち 木の心』草思社 一九九三年
鈴鹿照子『二十四の夢物語』人文書院 一九九六年
堀一郎『民間信仰史の諸問題』未来社 一九七一年
B・G・ウォーカー『神話・伝承事典』山下主一郎訳 大修館書店 一九八八年
M・エリアーデ『生と再生』堀一郎訳 東京大学出版会 一九七一年
佐々木和子「生まれようとする命を選別しないで」『いま、生と死を考える』郷土出版社 二〇〇二年
J・シュヴァリエ／A・ゲールブラン『世界シンボル大事典』三省堂 一九九七年
上田閑照・柳田聖山『十牛図』筑摩書房 一九八二年
鈴木大拙「霊性的日本の建設」『鈴木大拙全集 9』岩波書店 二〇〇〇年
竹村牧男『ブッダの宇宙を語る』日本放送出版協会 二〇〇二年

開けゆく生命《いのち》――夢は「夢で終わらせるな」といった

こうして照子は、深い無意識をとおしての〝イニシエーションの旅〟をひとまず終えた。

目醒めると、照子は私だった〔本書「無名の創造」参照〕。

私は日常的現実の世界の背後に、それを超えたより深い世界があることを知った。それは東洋的叡知に満ちていた。自身が東洋人であるにもかかわらず、私がこれまでの人生で一度も（自覚的には）接近したことのない領域であった。夢のイメージをとおして伝えられてくるその内容は、表層の知・合理の枠内に棲まっていたのではとうてい味わえないほど豊かなスケールをもっていた。――その世界の豊かさに魅せられて、そして「なぜ？」の問いにもおのずから答えが示されてゆくような、これまでになかった自然な流れのなかに身を置きながら、私は深い自由を味わっていた。

その流れのなかに身を任せながら私は、自分が第二の人生を歩みはじめるきっかけとなった窮境が《再生》のための入口であったことを実感した。そして、それがけっして私だけの課題なのではなく、人類普遍のテーマであること（とりわけ、存在のありようがふたつに鋭く引き裂かれて〈意識＝言語〉世界のみが全てであるように錯覚させられてしまっている現代人にとっては、火急のテーマであること）もわかってきた。

このようにして私は、かつて味わったことがないような、こころの安定した静けさのなかに、落ち着いて居られた。「やわらかさ」や「いとおしさ」といった、内部が潤っているような感情は、実はそれまであまり縁のないものだったのだが、いつしか、そうしたものも根づきはじめているという実感が湧いてきた。――一言でいうなら、とても生きやすくなっていた。そして、これからもこのように生きてゆけばよいのではないか……という思いを、漠然とながら抱いていた。


ところがである。

イニシエーションの旅を終えてしばらく経った頃、こんな夢を二つ続けて見た。

夢7　母の怒り

数人が集まってミーティングのようなことをしている。

突然、母がわたしに向かって、かなり強い調子で『このままでいいと思ったら大間違いだ』と言う。その激しさがいつもの母とはまったく違うので、「いつもは優しいのに……」と、わたしはとても不思議な感じがする〔この不思議な感じは、目覚めてからも続く〕。

夢8　母のさらなる怒り

母がわたしの考えかたを批判して、『言ってもわからないなら、切る』と迫ってくる。

母の右腕は、先のほうがノコギリのようになっている。それを振り上げてかかってくるが、わたしは言われていることの意味がわからないし、納得もできないので、「母の手にセットされているノコギリを引き抜いてしまおう」と思い、母につかみかかる。けれども抜くことはできず、手のひらを少し切られたようだ。痛いので、切られたことに気づく。

青天の霹靂とはこのことだろう。

夢のなかのわたしは事態の意味をつかんでいないが、覚醒時の私もまったく同じ状態。そして、夢7で「なぜ母がこんなに怒っているのか」理解できずそのままにしておいたところ、夢8を見てしまったのである。夢7からわずか五日後のこと。意識がそこに含まれているメッセージの意味を了解できないとき、夢は繰り返し同じテーマのメッセージをいろいろな姿で送ってくるが、ここで起こっているのはそういう事態であろう。

それまでも夢のなかで魂の導き手として、必要なときに登場して道を示してくれたのが、母という存在であったから、「なにか重要なことを言われているのだろう」とはわかるのだが、その中身は皆目、見当がつかない。が、そのままにしておけば母の怒りはますますエスカレートしてゆくだろうから(みずからの内部の深奥の知恵によって「おまえはいま本来的な生を生きていない」といわれていることになるのだから)、そのままにしておくことはできない。

いろいろと考えているうちに何となく見えてきたのは次のようなことである。

深い〈無意識〉の世界との接触をとおして苦境を脱することができたといっても、また〈意識〉の世界だけで探求していたのではとうてい到達できない、古代以来人類が引き継いできた「叡知の世界」に導き入れられたのだとしても、〈無意識〉の世界を舞台として展開されたそのドラマが、そのまま生身の私の身についたわけではない。体得されたわけではない。もしそのように錯覚しているとすれば、それは慢心だ。たとえ〈意識〉がその意味を了解しているとしても、それが「知的理解」を超えていると、ほんとうにいえるのか。

では、どうすればよいのだろうか……。意識はまだ気づいていないとしても（わたしは母の言葉が理解できないだけではなく、母に激しく抵抗している）、どのように生きることを内部の深いところでは望んでいるのだろうか……。こうして内部の声に耳を傾けているうちに、私には、夢の世界をとおして垣間見ることのできた仏教的知恵の世界にもう少し近づいてみたい、という思いが浮かんできた。――そこで私は、ある大学へ通うことにした（照子が夢の深化過程を理解するにあたって最も大きく示唆を与えた「十牛図」を著した上田閑照氏の講義を聴講するため）。

手をつかう？　つかわない？

第一回目の講義――人間が直立し、そのことによって手が自由になったことの、人間にとっての意味が直截に語られた（『上田閑照集』各所から補足して記す）。

直立することで開かれた場所の中心に自分がいる。その自分が手を使って周囲を自分の都合のよいようにつくりかえる。世界は元来、私の世界ではないのに、「人間が自分自身を中心にするような仕方で世界を私の世界にすることによって根本的なひずみ」が生じた。人間はだんだんと、自分の作った世界だけに目を向けるようになった（世俗化）。そしていま私たちは、作ったものに覆われ、「直立」にまつわりついたさまざまな問題が露呈してきた。直立して手を自由につかうことによる人間の優位性は「その半面に人間は根本的に問題的な存在であるということを含んでいる」。その人間の優位性に対する根本的否定が、坐ることのなかにある。手・足を組んで坐る（坐禅）。手を使わないありかたは、人間のありかたとして画期的なものであって、それは人間として存在しなおすこと、人間に成りなおすということである。

私は「手を使うようになった」ということから人間の問題を考えたことがなかった。ましてや、「手を使わない」ありかたの意味については、ついぞ思いを馳せたことはなかった。おぼろげながら「do と be ふたつの存在様式があり、現代は do 的価値が偏重されている」ことにまでは考えが及んでいたが、身体論的なところにまで踏み込んだことはなかったのである。

「母の怒り」の二つの夢は、この領域に生身の私が近づくことを促していたのだろう。夢のなかの母は、みずらの手をノコギリに変形させることをとおして、「手」そのものが対象に一方的にはたらきかけ、切断し、加工する機能をもっていることを象徴的に示そうとしたのではないだろうか。

そうだとすると、その「手」によってわたしの手のひらが傷つけられたのは、「人間が手を使う／手を使わないことの意味を考えろ」という深いメッセージなのだろう。そして、〝なにもしないことをする〟ということの意味を考え、そこで開かれてくる世界を身体レベルで体得することを促したのだろう。

手を使わない存在のしかた、たとえば坐ることをとおして、どのような世界が開けてくるかを、おまえはまだ知らない。知らないのに、なにかを見たと錯覚して、そこに安住しようとした。

夢のなかの母（私の spiritual guide）の怒りはこのようなメッセージを伝えようとしたのだ、ということがようやくにして了解できた。

十牛図、ふたたび

それからすこし経った頃、かつて熟読した本〔上田閑照・柳田聖山『十牛図』〕を前にしていると、次のような文章が、新鮮に目に飛び込んできた〔上田閑照「十牛図」〕。

〔第七図に関して〕忘牛存人の境位は一つの完成であるが、それだけにそこに停まるという危険が本質的に内在している。〔……〕尋牛以来修行の途上においてすでに、真の自己は無我であること、またその故に万物と一体であり自他一如であることは知解され、そして行を通して体認されてきた。しかしその際やはり、自己がそのような自己になるという自己関心が中心であって、結局「自己の自己への関係」が主軸であった。停まると同時に再び自己に収められてしまい、結局は我意我執のエレメントである有的自己同一の枠内であったということになってしまうのである。万物と一体、自他一如と言われても、そのような事がリアルに成立する究極の場の開けへと自己は真に開かれておらず、自己内面の心境に止る。〔……〕自己であることの主軸が事実変わらなければならない。

自己の深い無意識のなかに第八・第九・第十図と重なるようなイメージがあることを知り、そのイメージがどのような自己と世界のありようを伝えているかを知ったとしても、それは第七図の境位である。

第一から第六までの境位には各図が示すようにそれぞれの仕方での動きがあった。それはすべて自己の自己自身への実存運動をあらわしていた。〔……〕第七ではしかし到り得たところで動きは終わり、自己自身に落着いた人が坐っている。到り得て自《みず》からこれでよしとするところに、動きは停まり、そこに大きな危険が隠されているのである。〔……〕完成が同時に、完成であるが故のゆきつまりである。〔同書〕

かつて私は第七と第八のあいだの〈非連続〉を「この間にあらわれた元型的な男性イメージが、みずからにとっての他者性を示す。そのイメージが自己の内在性を破る働きをしているのではないだろうか」〔鈴鹿照子『二十四の夢物語』〕というようにとらえていた。

けれども、どうやらそうではなかったようだ。

私のこれまでたどってきた個性化・自己実現のプロセスは、じつは第七図までのことだったのである。

第七図以降の世界を「さまよう」なかでしか、「内在性を破る」ことの本当の意味は見えてこない（以前にも読んでいたものの、真の意味を了解することはできなかった）。そう考えると、母の怒りも当然だ（「怒りの母」もまた、私のたましいの導き手であった）。

「我 山を見る」というのは〈自我〉の視点である。そこからいったん解き放たれて、「山我を見る」という立脚点にみずからを置くこと。「物来たって我を照らす」という姿勢で立とうとすること。その現実的なありようを体得すること。――そうしたことが〝内的知恵〟によって促されていたのだろう。

答がどこか外から与えられてくるのではない。坐禅という身体のあり方〔坐禅儀その他に示されている〕が、何ものにも対立せず自己を無限の開けの中に見出すような本来の自己の具体化である。坐禅というあり方として答が身体のうちに現前してきているのである。そして、身体が問になりきっている故に答をその身体で受け取り得るのである。〔上田閑照 前掲書〕

それからというもの私は、坐禅を持続的に体験したり、樹木とのコミュニケーションを求めた樹林気功に接近したりもした。そして人間関係（なかんずくセラピィ空間）においては、「こちらからどうこうしようという一切のはからいを捨て、虚心に相手からのメッセージを受けとる」姿勢に徹しようとしはじめた。

すると夢がふたたび語りかけてきた。

いま居るところは……

夢9　帰り道を探す

父母のいる家を出て、帰り道に迷う。息子を連れている。時刻は午前零時。

誰かに道を聞こうと歩いていると、村人たちが農作業をしているところに出会う。道端で稲こきをしている彼らに道を聞くと、そのなかの一人の男性が『自分のところに来れば、家に帰る方法が見つかるよ』と言う。わたしは半信半疑でその人について行く。

夢10　下山のための二つの道

かなり急な雪山を登っていく。頂上に着いて下のほうを見ると、帰りの道は急な直線になっている。すでに麓に辿り着いていた友人が、『廻り道があるよ』と下から声をかける。見ると、急な直線の他にもう一本、緩やかなカーブになった道がついている。わたしは「そっちの道を伝って降りようかな」と思う。

これらの夢が伝えていることで、はっきりしているのは「私がいまいる地点はどこか」ということ。つまり午前零時、山の頂上。帰り道、下山ルートを探して動きだした段階である。「父母のいる家を出て、帰り道に迷う」〔夢9〕というイメージはそのまま、「旅を終えて自宅に帰り、出産したわたし〔夢5〕がその自宅〔十牛図 第七図〕をふたたび出て彷徨っている」さまを表しているのだろう。前章のようなプロセスで照子が夢をとおして出会った東洋の叡知が、いまこの「往還の道」においても私を導こうとしていることが、それを夢そのものによって伝えられたということになる。

ところで「午前零時」は、道教ではとても重要な意味をもっている。

「生命の午前零時」をはっきりと自覚すれば、そのときそこにこそ、正しい午前零時（陽の気の動き始めるとき）がある。〔……〕真理を自覚的に体験することが必要なのである。もし真理が自覚されるならば、いつどこでも、正しくないものはなく、また生命無きものもないのである。〔……〕したがって「生命の午前零時」というのは、人がその時その時に自覚するものに他ならない。結局のところ、「正しい午前零時」に到達すれば、心の気は純粋で明るくなり、「生命の午前零時」はますます明らかに表れてくるのである。〔ウィルヘルム『黄金の華の秘密』〕

どうやら第七図は「山頂」のイメージとしても表現されているらしい。

帰ってみると、どこも故郷の山ならぬはない、世間も自分も忘れ果てて、一日じゅうのんびりしている。どうしても信じてほしいのは、仙界に通う山頂の、そこは、まるきり人の世とちがっていることだ。〔柳田聖山「住鼎州梁山廓庵和尚十牛図」〕

下山ルートの夢において「急な直線コース」で表されているのは、僧侶的な修行の世界なのかもしれない。なぜならそれは、日常世界からこの世界に没入してゆく、私たち衆生からみれば非日常が日常化するような体験様式だから。ところがみずからを顧みると、そうするには「根性がない。体力がない。決まりの多い世界が苦手である。ルールに沿っててきぱきと事を運べそうにない」。――そこで私は日常世界のなかで、視点の転換を通して開けてくる世界を体得してゆくという方法を選択した。一人の衆生として日常世界で生きつづける道を選んだことになる。これが夢の「ゆるやかな下山ルート」の意味だろう。そのとき、次のような言葉が暖かく支えてくれた。

第七から第八―第九―第十への事実上の飛躍向上は〔……〕基本的には、物にふれ、人に会うところでは、いつでもどこでもおこり得ることである。ところで、物に触れ人に会うというのはまさに日常の生活に他ならない。〔上田閑照 前掲書〕

けれど、帰り道のモデルはない。自分に合った道を自分で探すほかない。それでも、漠然とであれ、どこに帰り着いたらよいか予想できているらしいのは、自分の家に案内しようとしている男性、すでに下山して麓から呼びかける女性が登場していて、私がかれらのアドバイスに随おうとしていることからわかる。

「午前零時」「山頂」というイメージで表された第七図【忘牛存牛】の境位には、無意識のイメージの深化のプロセスはあるものの、その深化の到り着いたところでの「さらなる大逆転」という契機は含まれていない。しかし東洋の叡知は、これまで進んできた全過程を無化してさらに進むことを要請する。東洋の視点からするとこの「さらに進んだ境位」が決定的に重要なものとなるのだが、西洋の視点からは異なった位相でとらえられるのかもしれない。

中国的洞察は〔……〕、首尾一貫して、本能的直観と離れがたく関連しながら成長してきた、あの太古の中国の文化的生から生まれ出ているのである。このような生き方はわれわれ西洋人には全く縁遠いものであって、到底まねのできないものである。西洋人が東洋のやり方をまねることは、二重の意味で悲劇的な誤りである。〔……〕大事なことは、さまざまの病気をわずらっている西欧の文化を、この西欧という場で再建して、たとえば結婚問題や神経症、社会的政治的幻想、あるいは世界観の方向喪失に悩んでいる現実のヨーロッパ的人間を、その再建された場所へ、西欧的日常性において連れ戻すことなのである。本音をいえば、われわれ西洋人は、この中国の書物〔『黄金の華の秘密』――筆者註〕の浮世離れした性格を理解することもできないし、また理解する気もないことを、はっきり白状した方がよいであろうと思われる。〔ユング「ヨーロッパの読者のための注解」〕

この書物で呂巌は、道教を核に仏教と易の思想もあわせた〈瞑想〉のなかでどのような世界が開かれてくるかを説く（ユングのいう〈自己実現〉プロセスには、そのような過程を通って成立した自己をふたたび無化する、否定する、という契機はあまり含まれていないように思われる。「自己ならざる」ところを通ることとの決定的重要性は、ほとんど主張されていないのではないだろうか）。こうした考えかたにふれるにつけ、意識の領域では東洋的なものとまったく無縁なところでこれまで生きてきた私にも、太古からの東洋的なものが内部の奥深いところでは生きつづけていたように感じられてくる。そして夢そのものによって、この東洋的知恵の生まれてくる場に近づくことを促されたようだ。

リアルな生命の世界

樹齢何百年という大木の幹にそっと触れていると、遥か昔から脈々と流れる生命の確かさが伝わってくる。言葉で語らないものの声が聞こえてくる。あるいは坐禅＝瞑想の場では、無限のなかに包み込まれているような、溶け込んでゆくような感覚に満たされる。そのなかでは、時間の感覚も消えている。

　また人との出会いにおいても、〈自我〉からの視点をいったん離れて「虚心に」相手と向き合おうとしたとき、これまでよりずっと自然に深く出会えているのに気づくことがある。これは、虚心であることによって自分が失われるのではなく、より深く自分自身でもあることができるという経験だろう。

　響子との出会いもそのような境位と関連しているのではないだろうか。彼女とのセラピーが終わったあと、「ここで二人のあいだに起こったのはどういう事態なのか？」それを言語化したい、という欲求が生じてきた。そんなふうにこころが動いたことは、セラピストになって以来ほんのわずかしかない。おそらく私はこのなかに、日々体験している「人との出会い」のひとつの典型を感じたのだろう。

　響子は絵画イメージをとおして、みずからのこころの深いところで起こっている変容過程を目に見えるものにしてくれた。また、私自身のテーマであった〈言葉／言葉以前〉という視点もかなり重要な位置を占めている。そこで、このセラピィ全体の流れをとらえ返してみると、前半では、ひたすら聴く（言葉だけでなく沈黙をも）立場に私は徹し、中間段階では、深い無意識世界での出会いをともに楽しんだ（セラピストの立場として冷めた部分を残しているのは当然だが)。そして後半の帰り道では、これまで体験したことがなくしかも固有の道を辿ろうとしている彼女の不安に満ちた歩みを、かなり積極的に支えようとしている。帰り道が迷い道であるというのは、みずからの体験からしてもよく了解できることであった。

この三態はしかし、こうしたほうがよい、といった「はからい」から生じてきたのではない。人間(ひと-あいだ)的に共有している場そのものが、このような、それぞれ状況での態度の発生源だった。

この「場の共有」という事態にあって、響子にもいろいろと意味深い選択が生じている。たとえば〃イニシエーションの未知の旅〃のさなか、「これからなにに出会い、どれくらいで終わりになるか」ということについて、彼女は〈意識〉では知るよしもないはずなのに)あるとき『このままでは卒業までに間に合わない』と言って、面談回数を週一回から二回に増やした(そして卒業間際に旅を終えた)。響子は「新しく生まれ変わった人間」として社会に旅立ちたかったのだろう。——人間《ひと-あいだ》的な場で深い知恵がはたらいたとしか考えられない。

響子との同行二人旅のプロセスを文章にまとめ終えた日の夜、私はひとつの夢を見た。

夢11　足の親指についている眼

わたしの足の親指に大きな眼がついている。左足についている眼を一匹の仔犬がペロペロなめて、よく見える澄んだ眼にしてくれる。「右足の眼はまだなめてもらっていないな」と、わたしは何となく思っている。

足の指は身体のなかで、眼からもっとも離れたところにある。そして「人間の場合、サルとのちがいの一つは〔……〕人間では足の親指の機能が著しく後退してきていることである」（中村雄二郎『共通感覚論』）。ということは、そんな場所に眼がついているという夢は、人間の視覚が本来もつ機能とまったく異なる役割をこの「眼」が果たそうとしていることを象徴していよう。では、そもそも眼は人間にとって、どのような役割を果たしているのだろうか。

総合的な自然人類学が含む古生物学、動物学、大脳生理学などの知見は人間における手と脳との相関的な進化・発達を明らかにした。それとともに、諸感覚の分化と統合の在り様と視覚優位とを、かなりはっきりと根拠づけている。〔……〕われわれ人間の生活は、一般的にいって視覚情報に依存する度合いが大きい。また視覚は他の諸感覚にくらべて対象を客体化する働きがつよく、

対象そのものに密着している。〔同書〕

そして「視覚が優位に立っただけでなく独走した近代文明は、見られるものを見るものから、知られるものを知るものから、対象を主体から引きはなしたのであった」〔同書〕。視覚はものごとを対象化し、言葉と結びついて、（先の華厳の説明を借りれば）本来〈事〉のリアリティのなかにあるものを〈物〉化するのに大きな役割を果たす。

であるなら夢は逆に、見ることが物化につながっていくのではない〝見ることの直接性〟が生まれたことを伝えているのではないだろうか。また、足の親指についているということと、仔犬（本能‐直観をあらわす生き物）の「なめる」という直接の触覚的行為によっても、この眼の特徴は示されている。

〝見ることの直接性〟が成り立てば、きっと〈自我〉の色眼鏡に邪魔されないで「そのもの」と向き合うことができるだろう。〈自己〉のありようもまた「ありのまま」に近いだろう。そういうところにこそ〝真の出会い〟はうまれるのだろう。――こうした可能性に向かっているいま、道半ば（右足の眼はまだ）のところにいるのだ、と夢は伝えているのだろう。

さらに一箇月ほど経ったとき、またひとつ印象的な夢を見た。

夢12 わたしに合う履き物はもうないようだ

廊下続きに、なにかの映像の上映会が行われる、学校の教室のような部屋がいくつかある。まだ上映の始まっていない部屋で、わたしは履いていたスニーカーと靴下を脱ぎ、机の上に並べて置く。いったん外へ出て、しばらくして観客がいっぱい入った上映中の部屋に戻る。そこで先ほど脱いだ靴を探すが、見つからない。他の部屋も探すが、無い。ある部屋の片隅に、砂場のようになっているところがあり、そこに履き物がたくさん並べられている。いくつか履いてみるが、ぴったり合う履き物は無い。

夢のなかのわたし（夢自我）はまだ未練を抱いているらしい。かつて履いていた靴をいったんは自分で脱いだのに、また探している。見つからないので、自分に合いそうな他の履き物を探す。けれどもどうやら『探しても、もう無いよ』と言われているようだ、『これからはずっと裸足だよ』と。「建前がなくなって本音と重なった」といってもよいだろう。それは、ありのままの世界、ありのままの境位。

映像の上映会は、現象的な世界、目に見える世界、つまり日常的な現実世界を象徴していると思われる。そこにわたしは裸足でいる。裸足のまま日常世界を生きている。

思い浮かぶのは十牛図の【入廛垂手】〔第十図〕だ。文字どおりの意味は、ぶらりと手をさげて町に入って来ること。そんな老人と、彼に向き合う若者が描かれている。ある僧侶はこのようにコメントしている。

かれは、痩せ衰えた胸を露わし、素足《はだし》で市《まち》にやってくる、〔……〕仙人のかくしもつ秘術などは使わず、ずばりと枯木に花を咲かせる。〔上田閑照・柳田聖山『十牛図』〕

市井の隠者の出現だ。

彼はぶらりと手を下げて、なにもしない。ひとのために何かを為さなければならない、と意識して努力するのではなく、善意と人為の枠を超えて、「何もしないことをする」という自然な出会いのなかで、向き合う人の本来の自己も目覚めてゆく〔同書を参照〕。

もし、響子と私のあいだに生じたことが、このような事態に近いとするなら、そして、人間（ひと‐あいだ）関係のなかでそれに近い関係を結びかけているとするなら、ひょっとすると、みずからの長い旅をとおして〝ありのまま〟(おのずからなる自然のありよう)に近づきつつある、と考えることができるかもしれない。

上田閑照・柳田聖山『十牛図』筑摩書房　一九八二年
上田閑照「十牛図」上田閑照・柳田聖山『十牛図』筑摩書房　一九八二年
上田閑照『上田閑照集』岩波書店　二〇〇一-二〇〇二年
鈴鹿照子『二十四の夢物語』人文書院　一九九六年
R・ヴィルヘルム「黄金の華の秘密」『黄金の華の秘密』湯浅泰雄・定方昭夫訳　人文書院　一九八〇年
柳田聖山「住鼎州梁山廓庵和尚十牛図」上田閑照・柳田聖山『十牛図』筑摩書房　一九八二年
C・G・ユング「ヨーロッパの読者のための注解」『黄金の華の秘密』湯浅泰雄・定方昭夫訳　人文書院　一九八〇年
中村雄二郎『共通感覚論』岩波書店　一九七八年

無名の創造

――または照子という名

ここまでの第三章‐第四章はすんなりと読んでいただけたでしょうか。なかには、主語が「照子」「彼女」と三人称になったり「私」と一人称になったり……いったいどうなっているのだろう？　と違和感を抱かれた読者もおられることでしょう。

実はこの部の主語をどのように表すかをめぐって、前著に続いてパートナーになって下さっている編集者と何回か意見を交わしました。この本が前著〔鈴鹿照子『二十四の夢物語』〕の続編だといいきれるような連続性のなかにのみあるなら、そのようなディスカッションも必要なかったでしょうが、それが、そうともいいきれないのです。

夢を通じて内面の旅をした「照子」としての私と、その旅を終えたあとでの生身のありようがテーマとして浮上した「私」としての照子のあいだには、ある種の位相転換があります。はじめ筆者は前半も後半も「私」という一人称で表現していましたが、そのような直線的・平面的な表現では〈非連続の連続〉を浮かび上がらせることが難しいのではないか、という編集者の指摘もあり、もっともだと思われたのでこのような形になりました。

＊＊＊　　　＊＊＊

加えてここに、その「照子」じたいがペンネームであることも申し添えておきましょう。

前著のあとがきにも記しましたが、あえて実名を使わない理由のひとつは、筆者がセラピストであること。つまり、セラピィの場では、なにも知らないところから始まるほうが、先入見に左右されることが少なく出会えるだろう、ということです。

そして照子としたのは、中世の説経節『小栗判官』の女主人公である照手に惹かれているからです。その物語については同じく前著に書いているので詳しくは省きますが、それをとりあげた問題意識はこのようなものでした。

日本という集合的社会で個が自らの自然性・本来性を失うことなくどのように生きうるのか。そして、そのようなものとしての男と女がどのように出会いうるのか。〔同書〕

個は個でも、近代的自我とはニュアンスがすこし異なった〈個〉としてです。この物語にはテーマとして〈死と再生〉も含まれていますから。

『小栗判官』の成立には、漂泊の祭司者〈歩き巫女〉たちが大きく関わっています。彼女たちは抑圧的な社会のなかで、自由への思いを照手に託して創作しました。そして、誰の作というようには伝わっていません。ほんとうに言いたいことをこのようなかたちで伝えようとしたのです。「無名の創造者」――筆者はそのようなありかたにとても惹かれます。

〔……〕「この人が書いたのだ」というようなことを抜きにして、伝えたい内容そのものが人々の心に直接伝わっていく、そんなイメージ〔……〕〔同書〕

無名の創造というありかたとペンネームとがほど遠いものであることはよくわかっているのですが、筆者が実名よりはペンネームで書こうという選択をしたのには、このような思いも含まれています。

現代におけるイニシエーションの可能性

イニシエーションという用語は、もはや現代人にとっては耳慣れない言葉となっているかもしれない。もしそうだとすれば、それは日本を含む現代社会が「日常的な現実世界（目で見える世界）」を主たる生活領域として選びとったことにもよるのだろう。けれど、本書でここまで言及してきたような「はるか遠い深い世界」にひとたび視点を転じると、〝イニシエーション〟がいまだに、私たちを本来的な生きかたに導こうとする人類の叡知として脈々と息づいているのがわかる。

イニシエーションは人類の歴史で最も重要な精神現象の一つをしめしている。〔……〕これを通して人はその全体としての存在様式を身につけ得るようになる〔……〕（エリアーデ『生と再生』）

境界に立つ

いったいイニシエーションとはどのようなものなのだろうか。そこでまず、実体験に耳を傾けることから始めよう。文化人類学者の報告である（青木保『儀礼の象徴性』）。

彼はタイで約三箇月間、テーラワーダ仏教の僧修行をした。タイ社会ではこの修行をしないと人間として一人前ではないと考えられている。そして、僧修行をするまえの状態にある人間は「コン・クルン（半人間）」（「コン・エディエップ（半熟人間）」とも）、約三箇月の修行をおえて僧院から実社会に戻った人は「コン・スック（熟した人間）」とよばれる。人間として「半熟」から「熟」の状態へ移行するためには、僧になるという経験が必要なのである（その経験がないと、たとえ老人になってもモラル的には半人間とみなされるため、一人前になろうとして定年後や退官後に僧修行をする人もいるそうだ）。

そこでは「一人前」ということが世俗的な意味ではとらえられておらず、成熟は《モラル》に関わることとされている。つまりそれは、一時的にではあれ《聖》に属することを意味しているのである。

「俗」から「聖」へ、そして再び「俗」へという「移行」が人間を「熟」させる。「半人間」から「全人間」への変換を可能にさせる。〔同書〕

修行を願い出た者は、頭を剃り、眉も剃り落として、世俗の衣を脱ぎ捨てて、水で身を浄めて、白衣で身を包む。この白衣は、すでに人間ではなくなり未だ僧侶でもないという「どっちつかずの境界」状態に入ったことを、記号として示すもので、人を一度〝原質〟に戻して還元することを意味する。それから儀礼のなかで、存在の性質を問う「誰何」問答があり、終わると黄衣に着替える。白→黄の変化が僧への変換を意味している。そして少なくとも三箇月間、僧院で読経・仏典の読解・座行・瞑想などの修行生活を送ることになる。そこでは年齢・地位・国籍などはいっさい関係なく、本人がもともと何教徒であるかということも問われない。「剃髪し黄衣をまとう身になれば、あとは自分の問題とされて、うるさいことは一切いわない」。そのようにして「俗世間と隔絶された象徴的世界」がそこに生まれる。さまざまな社会的背景をもつ人たち（彼が体験したときには、年齢は二十歳から七十四歳まで）と寝食を共にして修行生活を送ることのなかで、「出現したのは、疑うべくもない『コミュニタス』であり、その解放感も実は得難いものであった」。

　僧の状態とは、俗から離れて、世俗の拘束性（家庭や仕事や借金や義務など）の一切から解放されて「さっぱりした」身であることを意味している。〔……〕僧修行に現れる「コミュニタス」の解放性とは、こうした状態が作り出す共同社会を意味する。ターナーの指摘する「境界」状態と「コミュニタス」の属性が、ここにははっきりと示されているように思えた。〔同書〕

「境界状態《リミナリティ》」「コミュニタス」という用語は、イニシエーションの意味を解明する鍵となる〔ターナー『儀礼の過程』〕もので、ここで考えようとしていることとも深い関わりがある。〈境界状態〉と〈地位体系〔邦訳書では身分体系〕〉の主な属性は次のように整理される（前者が〈境界状態〉の属性／後者が〈地位体系〉の属性）。

全体／部分　同質／異質　コムニタス／構造　平等／不平等　匿名／命名の体系　財産の欠如／財産　地位の欠如／地位　序列の欠如／序列の識別　謙虚／地位に対するプライド　富の無差別／富の差別　非自己本位／自己本位　聖なる性質／俗なる性質　聖な

る教訓／技術的知識　沈黙／ことば　親族関係の権利と義務の停止／親族関係の権利・義務
苦悩の受容／苦悩の回避

〈境界状態《リミナリティ》〉の一属性として挙げられているコムニタスは、「共通の生活の場」と区別するためのラテン語で、「それなしには社会がありえない本質的で包括的な人間のきずなを認知すること」として使われている。それは「各自の存在の根源に達し、その存在の根源において深い連帯性をもち、分かち合えるなにかを見出すような、人間変革の体験である」〔同書〕。

つまり前者〈境界状態〉は〝見えざる世界〟と重なり、後者〈地位体系〉は日常的な現実世界と重なる。日常的な現実世界をいったん離脱して「境界にある人間として、地位も職業も出自も取り除かれ、親族組織や家族における序列からも外されて、役割や地位を示すものは衣服から何から一切許されない」〔青木保　前掲書〕ところでの非日常経験を経てはじめて人間は一人前であり得るという、いまも続くタイ社会のイニシエーションの視点は、窮地に陥った現代社会と、そこで方向を失った人生を送る人々にとって、きわめて示唆に富むものではないだろうか（ただしここには大きな問題が一つある。「女子は入門できないが托鉢僧への喜捨、寺院への供物、祭りの際に篭の小鳥を放免するなどの功徳を積み至福を得る」〔『アジア・アフリカ事典』〕とあるように、過去においても現在においてもイニシエーション儀礼の様式が何らかの父権社会的バイアスを受けていることが多い。現代世界におけるイニシエーションの必要性や可能性を考えるときには、過去の例から類推して「男性においては……」「女性においては……」という発想から始めないほうがよいだろう）。

一人前とは？

ここで「一人前」ということが、世俗的な意味あいではなく、モラル的な意味あい（リミナリティの経験をとおして成り立つもの）でとらえられているのは興味深い。

『このままでは社会に出ても、どのように生きていったらよいかわからない』

旅の始まりではこのように悩んでいた響子が、旅が終わると『ほんとうの意味で卒業できた』と語った。彼女の卒業は、「わたしはこの旅をとおして成熟した。一人前になれた」という意味でもあるだろう（これはタイ社会における「成熟」と重なっている）。ところで、そんな響子を振り返ると、旅立ちのイメージが「海」によって表現された頃に、『ありのままでいいと思えてきた』と伝えていたことが想起される。

一人前の始まりには〝ありのまま〟がある――そんなメッセージをさりげなく伝える映画がある（山田洋次監督「十五才」）。

大介は十五才。半年間、学校に行っていない。ある日「冒険の旅に出る」と書き置きして屋久島へと旅立つ。縄文杉の「幹に一度でいいから触ってみたい。そしたらきっと元気が出る」……そんな思いを込めて。その途上でいろいろな人と出会い、樹齢七千年ともいわれる大木と出会い、その帰り道では遭難しかけたりと、さまざまな経験のなかで大介が「一人前」に近づいてゆく物語だが、そのなかに、旅の途中で出会ったお姉さんとのこんな会話がある。

『いいんだよ。学校に行くか行かないかは君の自由なんだから。ただ人間は一人前にならなきゃいけないのよ。どんな方法であれ一人前になる努力をしなくちゃいけないの』

『一人前ってどういうこと？』

『そうだな、屋久杉に聞いてみたら？』

それからしばらくして、また二人の会話。

『……ぼく、あれからずっと考えていたんだけど、一人前ってどういうことですか』

『そうだな、自分の顔と心を持っていて、自分の頭で考えたことを自分の言葉で表現できるようになる……そういうことかな。でもまず君はありのままの自分を好きにならなきゃ。一人前になるっていうのは、そこから始まるんじゃないのかな』

〝ありのまま〟が起点になって「一人前」が語られている。

『自分の頭で考えたことを自分の言葉で表現できることかな』――これは、みずからも旅の途上にあるお姉さんのさしあたっての答えなのかもしれない(あとで紹介するが、大介自身は最終的にこれを超えるような意味で「一人前」をとらえることになる)。

現代の日本社会で「一人前」とは、経済的に自立できていること、社会に適応していること、を指してることが多い。つまり日常的な現実世界の価値観の枠内で、私よりも〈社会〉の観点からいわれているのである。しかしそれでいいのだろうか。――(タイ社会において「成熟」が日常世界の論理を越えた《モラル》的意味をもっているように)「どのように生きるのか?」「どのような価値を大切にするのか?」というところに焦点を定めて、私の自由・私の解放、そこでの人との出会いの質、というところに核心をおいたとき、現代におけるイニシエーションの旅は始まるのではないだろうか。そうしてはじめてイニシエーションが、閉塞した現代を超える内容をもち得るのではないだろうか。

おそらくそのような意味も込めて、大介の物語ではもういちど「一人前」という言葉が使われている。

彼は縄文杉を見て下山途中に遭難しかけて、やっと助かりバス停にたどり着き、そこで声をかけてくれたおじいさんの家に泊めてもらうことになる。明くる朝、帰ろうとするとおじいさんは、足がふらついて立ち上がれない。彼はいったん玄関を出たが、おじいさんの呟き込みが聞こえてきて引き返す。おじいさんは肩をふるわせて泣きながらいった、『……漏らしてしもうたとよ』。それからというもの大介は洗濯をしたり、おむつを買いに行ったりと、おじいさんの世話をする。やがて息子が来て、おじいさんは入院することになった。息子は世話になったお礼として大介に五千円を渡そうとする。——大介は声を絞り出すように言った。

『……おじさん、ぼくはこんなものが欲しくて、おじいさんのそばにいたわけじゃないんです』

『どうしたんや?』

『おじいさんはね。おしっこを漏らしたとき、恥ずかしいと言って泣いてたんですよ。それをあんな大きい声で、知らない人の前で臭いなんて言ったりして……。

なんだ、自分だって子どものころはおむつしてたんだろう？　それをあのおじいさんに抱っこされて大きくなったんだろう？　そのむすこにあんな酷いこと言われて、おじいさんどんなに悲しかったか、大人のくせにそんなことがわからないのか？　それでも一人前なのかおじさんは」

明らかにここでは一人前という言葉が、「社会生活を送っている大人」とは異なった意味あいで使われている。

人の悲しみが分からない人間なんて一人前ではない……、大介は目に涙をためて抗議した。老いのなかで衰えてゆく、いままで出来ていたことが出来なくなってゆく、そのような自然のなりゆきを、おじいさんのありのままを、息子はそのまま受けとることができない。その強者の眼差しに対して『それでも一人前なのかおじさんは』と問うたとき、大介はお姉さんの視点を超えた。

おじいさんの〝ありのまま〟と向き合うことができた彼は、みずからの〝ありのまま〟とも、いままでよりずっと深く向き合うことができるにちがいない。

さまざまな出立

お姉さんとの出会いも、この親子との出会いも、大介に「人が生きるとはどういうことか」を深く考えさせたが、お姉さんに「一人前の意味を屋久杉に聞いて見ろ」と言われたその屋久杉との出会いはこんなふうである、「圧倒的な存在感。ただ存在することだけで、力強い生命の力を発している。……無条件で『かなわない……』という気になってしまう」。縄文杉は彼にとって、自我を超えたより大きなものとの触れあいを象徴しているだろう。近くまで行けなかったのでその夢は叶わなかったが、大介は「縄文杉に触れて話をしてみたかった。幹に抱きついて杉の声を聞いてみたかった」。

とても大切な出会いがもうひとつある。屋久島に行くまでの途中、大介は何台かのトラックに同乗させてもらうが、そのうちの一人、おばさんの家に泊めてもらうことになった。そこでおばさんの息子の登に出会い、友達になる。登は高校生くらいの少年だが、ひきこもっていて、家族とはほとんど話をしない。大介は帰り際、登から自作の詩をプレゼントされた。

大介君へ。草原のど真ん中の道をあてもなく浪人が歩いている。ほとんどの奴が馬に乗っても、浪人は歩いて草原をつっきる。早く着くことなんか目的じゃないんだ。雲より遅くてじゅうぶんさ。この星が浪人にくれるものを見落としたくないんだ。葉っぱに残る朝露、流れる雲、小鳥の小さなつぶやきを聞きのがしたくない。だから浪人は立ち止まる。そしてまた歩き始める

……日向国浪人　大庭登

大介にこの詩を読んで聞かされ、おばさんは初めて息子のこころを知って泣く。

自分はなぜ立ち止まるのか？　なぜ世間の人々のように「速く歩くこと」に価値を見出そうとしないのか？　それを登は、こころの秘密を共有できそうな大介に、詩的言語によるメッセージというかたちで伝えた。そこには、現代文明の「速さ」を求める極端な一方向性と、そうすることで人間的豊かさを切り捨ててゆくことに対する批判の眼差しがある。しかし、なにしろ「ほとんどの奴は馬に乗って」いるのだから、自分が伝えようとしている「ほんとうはどのように生きたいのか」という切実な思いは、日常的現実世界の抑圧的な力によって無化され、押しつぶされてしまうだろう。……だから沈黙する。

もちろん大介の物語はフィクションであって、映画の脚本家・監督をはじめとする人たちが、

ひきこもっている人たちのこころに寄り添って表現しようとしたということである（本書では「ひきこもり」という用語を「社会的ひきこもり」の意味で使用する。「二十代後半までに問題化し、六ヶ月以上、自宅にひきこもって社会参加しない状態が持続しており、ほかの精神障害がその第一の原因とは考えにくいもの」〔斉藤環『社会的ひきこもり』〕とされている）が、「元当事者」として、ひきこもる人たちの苦悩を深く伝えている人がいる〔上山和樹『「ひきこもり」だった僕から』〕。

ひきこもりというのは「自分で望んで」そうなるわけではありません。置かれた状況の中で、「致し方なく」そうなっていく。それはだから、自分に突きつけられた〈問い〉として体験されているわけです。

その突きつけられた〈問い〉に取り組もうとして、しかしあまりに孤立しているので、どうしようもない。突きつけられた〈問い〉の中で絶望してしまって、自分の貧相な過去に執着するしかなくなる。

取りつく島のない〈他人の問い〉に包囲されていること。そこから来る絶望によって、自分の過去に執着してしまうこと。——この二つが、お互いを補強しあって、どうしようもない感情の悪循環を生んでいきます。

〔……〕

「ひきこもる」というのは、その暴力的で容赦のない〈問いかけ〉から少し距離をとって、「自分の問い」を見つめ返す時間としてはじまるのかもしれません。

真魚も、響子も、そして照子も、これまでのような生きかたに何らかの意味での行き詰まりを来して立ち止まった。そして、真魚は「今は深い眠りに入って……」と語った。「これからどのように生きていったらいいのだろう」……響子はそうした問いを抱いて旅に出た。始まりは〝海〟だった。

ちなみに伝統的な社会におけるイニシエーションにも、海で始まるものがある。たとえばアフリカのある加入礼の例。

『海へ《アラーデ》、加入者よ《ミステース》』という叫びとともに志願者達は（たぶんかけ足で）海岸へつれていかれる。この行程はエラシス（分離ないし追放）とよばれ〔る〕〔……〕いままでこの儀式は「邪悪あるいは悪魔、ないし害悪の影響を分離する」ためであると解釈されてきたが、私はこれは加入以前の生活における「俗性」との分離の儀礼であると解釈〔する〕。〔ファン・ヘネップ『通過儀礼』〕

照子の場合なら、旅立ちの夢のなかでの「周囲からすっかり疎外されてしまうようなことがあったらしく、どうすればよいかを遠いところまで聞きに行かねばならなくなっている」というところが、日常的な現実世界からの離脱、「俗性」からの分離の儀礼にあたるだろう（雪山の夢で「赤ん坊と死にゆく姉との絆を切断する」場面もそうだろう）。

真魚・響子・照子はそれぞれの旅のなかで、日常的現実世界の背後に、それまでは気づかなかった〝言語以前の世界〟があることを知る。

その世界の内実を、真魚は詩的言語によって伝え、響子は八枚の連画で表現した。照子の場合にはその世界へ接近していくのに夢が大きな役割を果たした。〝言語以前の内的世界〟が開かれてくるルートはさまざまであったけれど、三者の旅からはっきりわかるのは、その世界が日常的現実世界（「主／客対立の二元性を免れることのできない」意識の世界）の支配を受けていないということである。――「私が～」「私から～」という狭い〈自我〉の立場から自由になったときはじめて人は、自己とも他者ともほんとうの意味で出会うことができるのだろう。おたがいの〝ありのまま〟を認めあう世界への扉は、このように開かれることもある。

〔いろいろな療育のプログラムを〕はじめはできなくて当然。しばらくは練習。だんだんとなんでこんな簡単なことができひんねんやろと思うことが増え、むきになればなるほど、私の気持ちを見透かすように、やってくれないのです。自分の思い通りにならないわが子を前に、できることを強いること、それが私自身の中にある差別であることに気付いていったのです。この差別意識は私たちを取り巻く社会通念でもあるのです。〔……〕そして、一人の人間として、自己を主張する元治から、私はおたがいのありのままを認め、ともに生きることを学び、私は自分自身からも解放されていったのです。〔佐々木和子「生まれようとする命を選別しないで」〕

ふたつの価値観をめぐって

「できる／できない」という社会通念から自由になってゆくプロセスは、境界状態《リミナリティ》／地位体系のそれぞれがどのような価値を大切にしているか、ということと重なってくる。そこで、先に列挙した境界状態／地位体系の主な属性と共通した項目を挙げてみよう。

平等／不平等　　地位の欠如／地位　　序列の欠如／序列の識別　　非自己本位／自己本位

ということは、ここでいわれている「おたがいのありのままを認め、共に生きる」世界を《コミュニタス》とよんでいいかもしれない。そういう価値観のなかで生きはじめたときのありようが、「解放」という言葉で表現されているのであろう（そういえば、タイ社会でのイニシエーション経験も「その解放感も実は得難いものであった」と語られていた）。そうした《コミュニタス》は阪神淡路大震災のあとにも出現した。


三日間、物流は途絶えていた。さいわい電気が復旧していたので、冷蔵庫のなかのものが生きた。それまでは顔も名前も知らない住人同士で自然とお互いを助けあった。お金なんて役に立たない。ただ、必要ならば分けあおう。助けあおう。

いわく言いがたい、感動的な高揚感。僕も出かけていって、倒れたタンクをみんなで起こしたりした。お隣さんは、無償でジュースを分けてくれたりした。マンションの階下には「よければお持ちください」との張り紙と、大量の食器類。誰も必要以上に持っていかない。

水道の蛇口をひねっても、水がでない。これが最高に〈自由〉だった……。うまく言えない。

が、あの「出ない蛇口」は、それまで僕を抑圧し苦しめてきた目に見えない〈日常〉というものが、はっきり壊れた証だった。それは、なんだかはじめて僕に自分の力で自分の肺を使って呼吸することを許してくれたような気がした。

この〈自由〉も感動的な〈協力態勢〉もライフラインの復旧とともに潮が引くように消え失せていった。またしても、せちがらい『関わりたくない』住民関係。またしても、抑圧的な〈日常〉の回路の始動……。お金の経済がはじまってしまった。〔上山和樹 前掲書〕

ここで彼が体験した自由・解放感とその消失（「抑圧的な日常」の回路の始動）も、境界状態《リミナリティ》と地位体系の対比と重なっているだろう。「『ひきこもり』は何よりもまず既存の価値観や制度への疑問符として体験されている」〔同書〕。

非自己本位／自己本位という対比に関連しては、このようにいわれている。

ある家族が、ひきこもりの本人と一緒に、久しぶりのドライブに出かけたそうです。信号待ちをしていたら目の前でひどい人身事故が起きた。すぐそばに人が倒れて、血を流しているわけです。ところが、信号が青になった瞬間、まわりの車はいっせいにさっさと行ってしまって、誰も車を降りて助けようとしない。それを見て、ひきこもりの本人が『なんということだ！』と、拳を叩きつけ、涙を流してくやしがったとか……。

これは他の当事者たちにも感じることなんですが、一人一人がいわば「弱すぎて負けてしまった正義」のような気がするのです。一人一人が、ふつう世間では見向きもされないような『正義感』を持っていて、それで苦しんでいる。交通事故だったり、環境問題だったり、教育問題だったり……。

〔……〕

各人が自分の利益だけを頭に置いて動きまわっていて、今の社会は、その個人レベルでの興味・関心をどう調製しつつ社会全体をうまく運営していくかということでしかない。……その欺瞞に、ひきこもり当事者は異様に敏感なのです。〔同書〕

沈黙／言葉をめぐっては真魚・響子・照子、そしてフィクションではあるが「日向国浪人大庭登」もまた、それぞれに深刻なテーマとして抱えた（それを端的に表現しているのが、真魚の詩の「どうしてぼくになにもいわない」という冒頭の一句だろう）。

そうした主題に関しても、このように語られる。

端的に、「コミュニケーション」に徹底して絶望している。……だから、必要最低限だけを筆談ですます。……親たちからすれば、自分の息子や娘からの「声が聞こえてこない」わけです。

これはしかし、実は当事者サイドから見ても、同じ苦悶があるのではないでしょうか。「どこからも、ニンゲンの声が聞こえてこない」……。ニンゲンの声を話しているのは自分自身だけで、周囲の、あるいは自分が出会うすべての人たちは、どうもなんだか取ってつけたような、規格品のコトバを話しているようにしか聞こえない。テレビをつけても、そこから聞こえてくるのはなんともおぞましい「気をつかいまくった」抑圧処理後の言葉たちだけで、「本当のところはどう考えているのか」といった真正のニンゲンの言葉はどこからも聞こえてこない。〔同書〕

現代人はなぜ苦しむか

それにしても、なぜ人間は二つの価値に引き裂かれ、その狭間で苦しむのだろうか？　日常を抑圧として体験せざるを得ないのだろうか？　そして「なぜ生きるのか」という問いへの答えを探し求めてさまようのだろうか？

人間以外の生き物はおそらくなにも問わず、なにも疑わず、自然の生を生きている。鳥が空を飛び、馬が荒野をかけめぐり、魚が水中で泳ぐとき、あるいはそれに疲れて休むとき、人間のような生への問いにさいなまれることはまずないだろう。

人間であるということのなかに、どのような謎が隠されているのだろうか？

さきに、直立・二足歩行によって手が使えるようになったことが「自己を中心とするありかた」「他を対象（客体）としてとらえるありかた」につながっていった、ということにふれたが、それが極限まで推し進められたのが「現代」ではなかろうか。

自己を中心とするありかた、他者を対象としてとらえるありかた、そのような二元的な認識の核になっているのは〈意識〉、それを支えているのが〈言葉〉、そこで重視される価値は〈知識・知性〉である。現代という時代はそういう日常的現実世界（俗世間）のみを、人間の住む場所として選んできた。そこでは序列づけと競いあい・争いが幅を利かせ、人は互いにバラバラな存在としてしか存在し得ない。加えてこの社会は、（「先進社会」などと自称していることにも顕著に表れているように）みずからのありようと、そこに住む人間のありようを、捉え返す契機を、みずからの内部にもっていない。

その昔、伝統社会の人びとは（現代になってもある文化のもとでは）、そのように「無自覚的」に進んでいけば、社会も、そこに住む人間も、やがて衰退に向かわざるを得ないことを知っていた。それを防いで、社会を更新し、人を本来的な生きかたに導こうとする人類の知恵がイニシエーションといわれるものだったのではなかろうか。世界と人間の内部深いところに、いまは隠されているもうひとつの次元。そのような領域とつながりをもてたとき、人は全体性を取り戻すことができ、空しい、断片的な生に終止符を打つことができるはずだ（たとえばタイ社会で、そのような次元とつながりをもちえたときにはじめて「一人前」とみなされたように）。

二つに分かれてくると、相対の世界、争いの世界、力の世界などというものが、次から次へと起こってくる。〔……〕対抗の世界、個の世界、力の世界では、いつも相対的関係なるものが、弥《いや》が上に、無尽に重なりゆくので、絶対個は考えられぬ。いつも何かに関連しなければ考えられぬ。個は、それゆえに、常住、何かの意味で拘繫・束縛・牽制・圧迫などいうものを感ぜずにはおれぬ。すなわち個は平生いつも不自由の立場に置かれる。自ら動き出ることの代わりに、他からの脅迫感を抱くことになる。

〔これに対して〕自由はその字のごとく「自」が主になっている。抑圧も牽制もなにもない「自《みず》ら」または「自《おのず》ら」出てくるので、他から手の出しようのないとの義である。〔鈴木大拙『東洋的な見方』〕

水道の蛇口をひねっても水が出ないことのなかに、抑圧的な〈日常〉の壊れた証が見え、そこに最高の〈自由〉が感じられた。そして「なんだかはじめて僕に自分の力で自分の肺を使って呼吸することを許してくれたような気がした」〔上山和樹 前掲書〕。鈴木のいう「不自由」「他からの脅迫感」と上山のいう「抑圧的な〈日常〉」、そして鈴木の自由（自《みず》らにして自《おのず》らなる自由）と上山の自由が、通底しているように思われてならない。

自分とはなにか？
生きる意味はどこにあるのか？
将来が見えない……
大人になるとはどういうことなのか？

いま多くの若い人たちが、このような問いをめぐって苦しんでいる。

日常的な現実世界に答えを見つけようとしても　見つからないかもしれない……
それでは　どこに答えを探せばよいのか……

こんな苦悩のまっただなかに、多くの若い人たちはいる。〝居場所がない〟というかれらの切実な叫びをとおして、現代という「いま」の問題性が浮かび上がっている。

新たな時代の胎動

人間がその引き裂かれた生に終止符を打ち、全体性を回復するために、いまこそ〝現代のイニシエーション〟が切実に求められている。

その胎動はさまざまなかたちで現れている。これまでみてきたように、〈地位体系〉のみに生きる生存様式を超えようとするいくつかの動きからも、その胎動は察せられよう。しかし、その内実はいまだはっきりと見えてこない。

イニシエーションが社会のなかで有効に機能していた昔に帰れといっても、それはどだい無理な話である。それに、性急な集団的イニシエーション・モデルの作成や実践は、現代社会の諸価値を超えたつもりでいても、じつはより深くその陥穽にはまってしまうことになりかねない（なによりも自由を求めたつもりが、より力のある他者への依存になってしまったり、そのモデルにはまっていない者に対する強烈なエリート意識を醸成してしまったりする）。

結局、一人ひとりが模索しながら歩むほかないのだろう。響子の「足跡」（四七頁）の意味にまつわって触れたように、「新しい知が誕生しようとしているのだ。新しい風景が誕生しようとしているのかもしれない」（岩田慶治「人類学はどこまで宗教に近づけるか」）。とすると、私の「午前零時に道に迷っている」夢も、そもそもは個人的境位の問題だとしても、現代人がいまどこにいるかを暗示しているのかもしれない。

「ポスト」モダンの世界がどのように可能であるかという問いが、少数の思想家や知識人のテーマとしてではなく、広く深い裾野をもって胎動しはじめている時代を、私たちは迎えている。多くの人を苦しめている圧倒的な「空虚さ」の感覚も、「絶望」も、新しいなにかが誕生するための陣痛のようなものと考えられないだろうか。

〝新しいなにか〟へと到る道はただひとつではない。多様な道をたがいに認めあった柔軟な模索が大切だろう。

そうしたなかで私たちが共通認識として抱けるのは、どのようなものだろうか？

いくつかの視点があるだろう。

二重の世界に生きる

日常的な現実世界のみが私たちの生きる世界のすべてではない。

見える世界と見えない世界の二重性のなかに生きているといってもよいし、多次元的現実のなかで生きていると表現してもよいが、とにかく私たちは、目に見える表層の世界にのみ生きているわけではない。

照らされる私

そのことに気づくためには、狭い〈自我〉の立場が相対化される必要がある。「私から……」の視点に固執しているかぎり、あらゆる〈他〉存在は〈対象〉としてしかとらえられないから、表層の世界を超えることはできない。

「物来たって我を照らす」という逆の方向も成り立ってはじめて、〈他〉存在は、対象としてではなく、真に〈私〉と向き合い、出会えるものとなる。それが「わたし／あなた」「主観／客観」といった二元を超えることの意味だろう。

内なる者との邂逅

そういう可能性は一人ひとりのこころに宿っている。

仏教に一切衆生悉有仏性という言葉があるが、衆生の一人として私はこの言葉がとても好きだ。最近では、ほんとうにそうだと思うようになっている。

「すべての衆生のこころに仏性が宿っている」あるいは「自己が仏だ」と仏教が語るとき、私たちは必ずしもそれを仏教徒として（あるいは或る宗教の言葉として）聞く必要はないだろう。仏というのはひとつの表現のしかたであって、真の自己、真人、本来の自己、霊性などさまざまに言い換えてもよいはずだ。いずれにせよ、仏性というものは〈対象〉として外部に存在するのではなく、一人ひとりのこころのなかにある。もともと、すべての人のこころのなかにあるものである。

こころの奥深くに眠るそれと出会えたとき、人の生は本来性を回復することができる。私は東洋人でありたまたま禅の世界にも惹かれていることもあって、ここでは仏教の表現に依ったが、そもそも太古より伝わる《イニシエーション》は、人間についてのこのようなとらえかたを核として生成され、受け継がれてきたものだろう。

イニシエーションが照らす「現代」

一人ひとりに本来的に宿っているこのような変容可能性は、けっして「こころのもちかたの問題ですよ」といった次元に矮小化されるべきではない。なぜなら、ルートはみな違えども、私たち一人ひとりのイニシエーション的な変容が、いま、この現代文明的の価値観そのものを逆照射しているからである。

もし私たちがこの視点を保つことができるなら、まだ現時点ではほんの微かにしか見えてきていないとしても、少なくとも、「人のこころの変容が、時代の変容につながっていく」という想像力は得られるだろう。

一九六〇年代の初めにすでにこのことを見抜いていた人もある。

〔……〕私はイニシエーション説とイニシエーション的儀式のうちに《歴史の恐怖》や集団的窮境から自分を守る唯一の可能性を見出したような気がする。つまり、もしわれわれが恐怖、絶望、失意、歴史の意味の見かけ上の不在を、それだけのイニシエーション的試練として経験し、引き受け、価値づけることに成功するなら〔……〕そのときにはこれらの危機、これらの拷問全体が一個の意味を帯びて、価値を獲得するであろう、そして収容所的世界の絶望からわれわれは免れるであろう。出口が見出せたのである。かくしてわれわれは歴史を最も真正に生きながら（それゆえ歴史的瞬間のあらゆる業務を引き受けながら）それを超越することが出来る。〔エリアーデ『エリアーデ日記』〕

「イニシエーションは人類の歴史でもっとも重要な精神現象の一つをしめしている」という立場から、エリアーデは、原始社会からのさまざまなイニシエーションの儀礼と、その意味を研究した。彼にとってイニシエーションを研究することは、「基本的に人間を知ること」だったのである。

〝ありのまま〟ということ

このような視点に立ったとき、社会とそこに住む人々は、どんなふうにイメージされるのだろうか。

《区別のない世界》を通り抜けてふたたび〈個〉として生まれ出たものは、それぞれ固有の存在ではあるけれど、その固有性には優劣の差がない。すべての存在は、「存在する」というそのことにおいて、かけがえがない。

〈他〉との比較・競争・序列づけのなかには〝ほんとうのわたし〟は見つからない。一切のラベリングを捨て、すべての存在の〝ありのまま〟を受け容れることができてはじめて、私たちもまた〝ありのまま〟の存在として生きることができるのだろう。

だとすると〝ありのまま〟は、現代のイニシエーションの出発点であるに留まらず、その終着点でもあるといえるかもしれない。

着ながらにして……

見える世界と見えない世界という《二重の世界》では、人はいったいどのように生きてゆけるのだろうか。おそらく多様な生きかたが可能なはず（「あれか？ これか？」ではないはず）だが、そのようなモデルをあまりもたない現代では、「わたしの生きかた」として具体的にイメージすることは難しい。

ただし、ヒントはある。

着物を着ながらの裸 〔鈴木大拙 前掲書〕

日常的な現実世界では、私たちは何らかの着物を着て生きている。しかしそれが私たちの本来性を左右するわけではない。「かけがえのない、この、わたし」を、言葉上の問題としてではなく、ほんとうに実感できるのは、そして、他者とほんとうに出会えるのは、《わたしのなかの〝裸の私〟》なのである。

M・エリアーデ『生と再生』堀一郎訳 東京大学出版会 一九七一年
青木保『儀礼の象徴性』岩波書店 一九九八年
V・W・ターナー『儀礼の過程』新装版 冨倉光雄訳 新思索社 一九九六年
『アジア・アフリカ事典』教育出版センター 一九九七年
山田洋次「十五才」原作『十五才』角川書店 二〇〇〇年
斉藤環『社会的ひきこもり』PHP研究所 一九九八年
上山和樹『「ひきこもり」だった僕から』講談社 二〇〇一年
A・E・ファン・ヘネップ『通過儀礼』綾部恒雄・綾部裕子訳 弘文堂 一九九五年
佐々木和子「生まれようとする命を選別しないで」『いま、生と死を考える』郷土出版社 二〇〇二年
鈴木大拙『東洋的な見方 新編』上田閑照編 岩波書店 一九九七年
岩田慶治「人類学はどこまで宗教に近づけるか」『岩田慶治著作集 8』講談社 一九九五年
M・エリアーデ『エリアーデ日記』石井忠厚訳 未来社 一九八四年

あとがき

この本のなかで言いたかったことは、たった一つのような気がします。

生きる根拠地を求めて　内的な旅をすることの意味

その旅は「いざ行かむ」と決意をもって勇ましく始まるわけではありません。そうではなくて、多くの場合は「これまでのようには生きられない……」といった切実な思いがその始まりになっているものです。

私もそのような旅をした者の一人として、みずからの旅のプロセスを語り、同行二人旅についても語りましたが、そこで伝えたかったのは「答え」ではありません。

答えは外から来るもではありません。答えを他人が伝えることなどできはしません。なぜなら、「問い」そのものの内にある、その人の存在のありようのなかにこそ、答えが含まれているからです。

そして、私たちの内にある〝ほんとうのわたし〟つまり〝内部の深い知恵〟は、その旅へと誘おうと、ずっと待ちつづけてくれているのです。

そのとき何に出会い、どのようなものに親和性を感じるかによって、旅のスタイルはさまざまとなるでしょう。けれど、そこで開かれてくる世界には共通性があります。たとえば巻頭の口絵に掲げた三枚の絵は、旅のなかで開かれてくる世界と自己のありようをとてもよく表しています。

有限と無限が交響しあう 二重の世界

その世界に開かれ－包まれて在る ありのままのわたし

* * *

この本は私個人の著作とは到底いえません。

みずからの内的世界を詩や絵画をとおして伝えてくれた真魚や響子をはじめ、ここには登場していませんが、迷いながら苦しむ方々と、じかに向き合って、そのこころと触れあうなかで、私はどれほど多くのことを学んだか知れません。

引用させていただいた著作の数々はそれぞれに、その書き手の通った、あるいは通りつつある道の確かさと深さをもって、私に迫ってきて、今回の原稿執筆という長い旅のなかで、あるときは道標となり、あるときは杖となって、その道行きを支えてくれました。

また幾人かの先達、友人・知人は、草稿段階で目を通してくださり、貴重な助言をたくさん寄せてくださいました。前著でお世話になった画家の中島由理氏は、今回も本文中の夢の印象画を貸してくださり、そのうえ、この本のテーマにぴったりの装画まで描いてくださいました。

そして、前著に続き編集者として共同作業をしていただいた津田敏之氏には、初めから終わりまで、すっかりお世話になりました。

鈴鹿照子

二〇〇三年　冬

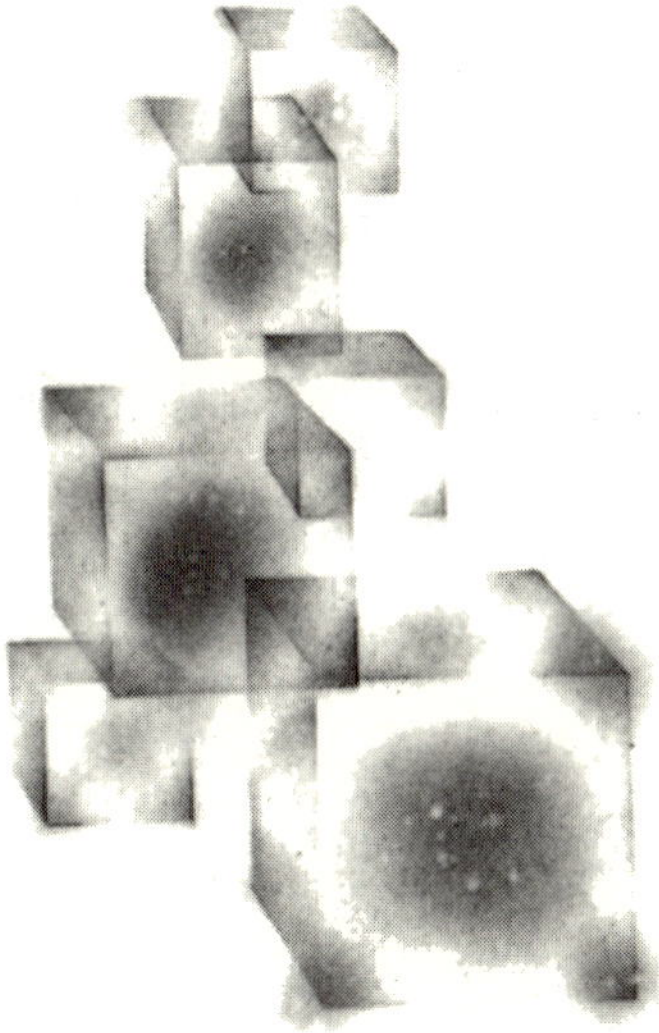

著者紹介

鈴鹿照子（すずか・てるこ）

1941年生まれ。十数年間社会学の教員をした後退職、臨床心理学の世界へ。ユング派分析家の教育分析を受ける。その夢分析の記録は、『二十四の夢物語』（人文書院 1996年）として上梓。現在、セラピスト。最近は東洋思想に魅かれ、そこで開かれる知恵と慈悲、自由の世界とセラピィの接点を探ることをテーマとしている。

新曜社

響《ひび》きあう生命《いのち》

生きる根拠地を求めて

初版第1刷発行　2003年7月14日

著　者　鈴鹿照子 ©

発行者　堀　江　洪

発行所　株式会社 新曜社

〒101-0051 東京都千代田区神田神保町2-10
電話(03)3264-4973㈹・FAX(03)3239-2958
http://www.shin-yo-sha.co.jp/

印　刷　亜細亜印刷株式会社
製　本　イマヰ製本

Printed in Japan

ISBN 4-7885-0865-6　C1011